Das Titelbild wurde freundlicherweise zur Verfügung gestellt von
Kay Filbrich
Outdoortrainer
www.Abenteuerschule-Suhl.de
Tel: 03681/30686

Dipl.-Kfm. Ludwig Briehl

Im Vorstellungsgespräch überzeugen

Oben sein, wenn es wirklich gilt

Ein Ratgeber für Bewerber um Führungspositionen

Der Autor hat auf dem zweiten Bildungsweg Volks- und Betriebswirtschaft an der FernUniversität Hagen studiert und als Dipl.-Kaufmann abgeschlossen. Die Schwerpunkte seines Studiums lagen in den Bereichen Marketing und Betriebliches Aus- und Weiterbildungswesen. Er ist seit 1995 in Immendingen, in der Nähe des Bodensees, erreichbar unter

Institut für Mitarbeiterentwicklung
Dipl.-Kfm. Ludwig Briehl
Hewenstraße 11
78194 Immendingen

Impressum:

Inhalt und Darstellung des Werkes sind geistiges Eigentum des Autors. Der Inhalt selbst wurde sorgfältig recherchiert, bleibt aber ohne Gewähr für Richtigkeit und Vollständigkeit. Alle Rechte, insbesondere das Recht auf Vervielfältigung und Verbreitung sowie der Übersetzung, bleiben vorbehalten. Das Werk ist nur für den jeweils persönlichen Gebrauch des Käufers bestimmt und darf weder gewerblich noch zu Schulungszwecken verwendet werden. Kein Teil des Werkes darf weder der Form noch dem Inhalt nach in irgendeiner Form durch Fotokopie, Mikrofilm oder ein anders Verfahren ohne schriftliche Genehmigung des Autors reproduziert oder unter Verwendung elektronischer Systeme verarbeitet, vervielfältigt oder verbreitet werden.

Verlag: Verlag für Mitarbeiterentwicklung Ludwig Briehl
Auflage: 2. überarbeitete Auflage (Mai 2009)

ISBN: 978-3-941788-00-8

Inhalt

1 Der wichtige erste Eindruck

1.1 Weshalb niemand dem ersten Eindruck entgehen kann

Stellen Sie sich bitte einmal vor, Sie laufen am Abend allein durch die Stadt. Plötzlich springt Ihnen ein wildfremder Mann in den Weg, mit verkniffenem Gesicht und drohendem Blick. Was passiert nun in Ihnen, was denken Sie?

A) „Das ist aber ein schöner Zufall, so spät am Abend noch einen netten Menschen zu treffen!"

B) „Jetzt bin ich aber überrascht – was könnte denn der Mensch vorhaben?"

C) Etwas anderes.

Ich wette, Sie denken etwas anderes.

Weshalb ist das so? Weil Menschen alles, was in den Aufmerksamkeitsbereich ihrer Sinne – Augen, Ohren, Nase, Mund (Geschmacksinn), Hände (Tastsinn) – kommt, augenblicklich und spontan in Bruchteilen von Sekunden nach einem bestimmten Muster prüfen, ohne dass dieser Vorgang bewusst steuerbar ist. Auch Sie werden bereits ab dem ersten Augenblick geprüft, wenn Sie zum Vorstellungsinterview antreten! Diese Prüfung erfolgt unter einem einzigen Aspekt:

Taugt dieser Mensch durch sein Aussehen und sein Verhalten (das, was ich wahrnehme, diese Situation, die da abläuft) jetzt zur Befriedigung meiner Bedürfnisse?

Um auf diese Frage eine zutreffende Antwort zu erhalten, versucht unser Unterbewusstsein als Erstes, das Wahrgenommene sofort zu identifizieren. Augenblicklich startet ein Programm und durchsucht unsere Hirn-Speicher nach vorhandenen Informationsmustern, die mit der wahrgenommenen Situation identisch oder ähnlich sind. Die Informationsmuster sind abgelegt nach dem Schema: „Dies bedeutet ... und führt zu einer Bedürfnisbefriedigung." – „Dies bedeutet ... und führt zu einem Bedürfnisdefizit."

Ganz wichtig ist dabei die Erkenntnis, dass unser Hirn sofort versucht, aus den wenigen vorliegenden Informationen auf ein bestimmtes, übergeordnetes Gesamtmuster zu schließen, wobei es sich natürlich irren kann. Erfahrung hilft jedoch, dass Irrtümer mit der Zeit weniger häufig auftreten. Ein einjähriges

Kind nimmt noch jeden Kieselstein in den Mund und probiert, ob der Stein essbar ist. Wir Erwachsene wissen aus Erfahrung, dass das nicht so ist, und nehmen daher keine Steine mehr in den Mund. Normalerweise!

Um in unserem Beispiel mit dem wildfremden Mann von oben weiterzufahren: Die soeben wahrgenommen Informationen treffen schon bei einem 5 - 6 Jahre alten Kind auf ein Muster, das als „Angriffsmuster" gespeichert ist: Jeder Mensch, der so aussieht, droht anzugreifen. Angriff bedeutet Bedürfnisdefizit, da grundsätzlich das Überleben bedroht sein kann.

Ein identifiziertes Bedürfnisdefizit spüren wir sofort in negativen Gefühlen – Ärger, Wut, Angst, Hass. Diese Gefühle wiederum lösen sofort Bestrebungen in uns aus, das Bedürfnisdefizit abzuwehren oder auszugleichen. Denn mit Bedürfnisdefiziten können wir auf Dauer kaum gut leben, da sie so lange Unzufriedenheit erzeugen, bis sie ausgeglichen sind.

Ein Bedürfnisdefizit können wir nur ausgleichen über Aktionen.

• Fühlt man sich dem anderen überlegen (dominierend), erfolgt – je nachdem wie egoistisch man selber eingestellt ist – ein aggressives Gegenverhalten, angefangen von **Drohgebärden** (Imponiergehabe) bis hin zu verbalen und/oder körperlichen **Gegenangriffen.**

• Fühlt man sich dominierend und nimmt den anderen nicht gerade ernst, ist Abwendung wahrscheinlich. Da man sich nicht bedroht fühlt, wird auch kein Bedürfnisdefizit erlebt. Daher sind auch keine Aktionen erforderlich. **Der andere wird ignoriert.**

• Fühlt man sich schwach, sind **Fluchtreaktionen** oder **Unterwerfung** – wenn die Flucht als sinnlos erscheint – **die einzige Möglichkeit,** um (weitere) Bedürfnisdefizite zu verhindern. Das Bedürfnisdefizit bleibt jedoch bestehen. Flucht ist daher immer nur eine Pseudolösung.

Nehmen wir ein anderes Beispiel:

Es ist ein wunderbar lauer Sommerabend, Sie sind ein Mann, ledig, und am frühen Abend sehr gut angezogen zu Fuß auf dem Weg zu einem Konzert. Da kommt eine bildhübsche Frau, sehr gut angezogen, genau nach Ihrem Geschmack aussehend und passend zu Ihrem Alter, gerade aus einem Hauseingang heraus, sieht Sie an, lächelt Sie an und fragt: „Sind Sie auch auf dem Weg in das Konzert? Nehmen Sie mich bitte mit?"

Oder:

Es ist ein wunderbar lauer Sommerabend, Sie sind eine Dame, ledig, und am frühen Abend sehr gut angezogen zu Fuß auf dem Weg zu einem Konzert. Da kommt ein sehr nett aussehender Herr, sehr gut angezogen, genau nach Ihrem Geschmack aussehend und passend zu Ihrem Alter, gerade aus einem Hauseingang heraus, sieht Sie an, lächelt Sie an und fragt: „Sind Sie auch auf dem Weg in das Konzert? Darf ich Sie begleiten?"

Was passiert nun mit Ihnen? Ihre unermüdlich funktionierende Spontanverarbeitung fragt:

Taugt dieser Mensch, sein Aussehen und sein Verhalten zur Befriedigung meiner Bedürfnisse?

Ihr Suchprogramm checkt sofort selbstständig, ohne dass Sie den Vorgang aktiv starten müssen, und rasend schnell in Sekundenbruchteilen Ihre Hirnspeicher nach allen vorhandenen Mustern, die zu den eben erfassten Informationen passen, trifft auf das passende Muster „schöne und nette Menschen sind toll", und sofort spüren Sie das Ergebnis des Checks in sich – durch super-positive Gefühle. Alles jubelt in Ihnen: Ja, ja, ja!!! Dieser Mensch taugt 1000% zur Befriedigung meiner Bedürfnisse! Vielleicht ist es sogar: **Liebe auf den ersten Blick!**

Obwohl Sie nichts wirklich über den anderen wissen, strebt nun alles in Ihnen nach **Kooperation und Zusammenarbeit,** um die mögliche Bedürfnisbefriedigung möglichst lange zu sichern. Ihre Aktion: Sie werden sofort auf die Bitte des Partners/der Partnerin eingehen, um solange mit ihr/mit ihm zusammen zu sein, als möglich.

Dieser Mechanismus der Spontanverarbeitung entstand zu frühesten Zeiten der Evolution. Sein Sinn liegt darin, ohne langes Überlegen auf jeweilige Umweltsituationen spontan, das heißt unverzüglich und ohne lang dauernde Überlegungs- und Entscheidungsprozesse (subjektiv) richtig zu reagieren. Das ist ganz besonders wichtig, wenn Gefahr im Verzug ist. Wenn wir von jemandem mit einem Messer bedroht werden und wir würden lange überlegen: Was könnte das denn sein, was sich da abspielt? Will er mit mir spielen? – könnten das die letzten Gedanken in unserem Leben gewesen sein. Insbesondere in Gefahrensituationen müssen wir Menschen ohne Nachdenken „funktionieren". Dabei ist es auch nicht schlimm, eine Situation einmal spontan falsch zu interpretieren. **Besser, wir fürchten uns einmal zu viel, als einmal zu wenig.**

1.2 Weshalb der erste Eindruck so wichtig ist

Was lehrt uns das alles für das Vorstellungsinterview?

Nehmen wir einmal an, Sie sind Personaleinsteller (wir meinen immer auch Personaleinstellerin) in einem Unternehmen. Die Tür geht auf, und Bewerber (wir sprechen in der Folge nur noch von Bewerber, meinen aber auch immer Bewerberin), die unten beschrieben sind, kommen herein. Welche „Typen" wären Ihnen so sympathisch, dass Sie gerne dauerhaft mit ihnen zusammenarbeiten möchten? Wählen Sie dazu die Alternative, die Ihnen in der nun folgenden Aufstellung sympathischer erscheint. Kreuzen Sie bitte das entsprechende Kästchen in der linken oder rechten Spalte an.

❏ ein hübscher Mensch, der gut angezogen ist und gepflegt wirkt	❏ ein hässlicher Mensch, der schlecht angezogen ist und ungepflegt wirkt
❏ ein Mensch, der selbstbewusst und freundlich lächelnd auf Sie zugeht	❏ ein Mensch, der unsicher ist und sich Ihnen gegenüber unterwürfig verhält
	❏ ein Mensch, der Sie kalt ansieht und auf Distanz zu Ihnen bleibt
❏ ein Mensch, der sich freundlich lächelnd mit Ihnen unterhält	❏ ein Mensch, der Sie unsicher ansieht und sich nicht oder nur notgedrungen mit Ihnen unterhält
	❏ ein Mensch, der Sie freundlich ansieht, aber Sie nicht zu Wort kommen lässt
❏ ein Mensch, der einen ehrlichen Eindruck auf Sie macht	❏ ein Mensch, der einen unehrlichen Eindruck auf Sie macht
❏ ein Mensch, der einen offenen Eindruck auf Sie macht	❏ ein Mensch, der einen zugeknöpften, reservierten Eindruck auf Sie macht
❏ ein Mensch, der höflich und respektvoll mit Ihnen umgeht	❏ ein Mensch, der unhöflich und respektlos mit Ihnen umgeht
❏ ein Mensch, der sich interessiert an Ihnen und Ihren Problemen zeigt	❏ ein Mensch, der sich uninteressiert an Ihnen und Ihren Problemen gibt
❏ ein Mensch, der einen engagierten, motivierten Eindruck auf Sie macht	❏ ein Mensch, der einen faulen, unmotivierten Eindruck auf Sie macht
	❏ ein Mensch, der einen inkompetenten, unklugen Eindruck bei Ihnen hinterlässt
❏ ein Mensch, der einen kompetenten, klugen Eindruck bei Ihnen hinterlässt	❏ ein Mensch, der einen Eindruck als Angeber bei Ihnen hinterlässt

Welche Typen haben Sie sich ausgesucht? Ich wette, immer die auf der linken Seite, denn nur dort vermutet auch Ihre Spontanverarbeitung Bedürfnisbefriedigung!

Und was glauben Sie – wie denkt ein „echter" Personaleinsteller? Glauben Sie im Ernst, dass er anders denkt als Sie? Nein, er denkt genauso wie Sie. Auch seine Spontanverarbeitung identifiziert sofort die Bewerber, die seine ganz persönlichen Bedürfnisse befriedigen oder nicht befriedigen, und bewegt ihn sofort zur Kooperationsbereitschaft oder zur inneren Ablehnung.

Eine alte Weisheit: **Für den ersten Eindruck gibt es keinen Ersatz und keine zweite Chance!**

Daher freut sich jeder Personaleinsteller auf nette, freundliche, relativ selbstsichere, ehrliche, gepflegte, hübsche und kompetente Kandidaten. Die, und nur die, sind ihm sympathisch! Nur solche will er in seinem Unternehmen haben, wenn sie sich auch als fähige Menschen erweisen. Doch zunächst kann er nur reagieren auf das, was Sie als Mensch ausstrahlen. Und für diese Reaktion gilt, was wir eben kennengelernt haben.

Es ist wissenschaftlich erwiesen, dass der erste Eindruck (Primacy-Effekt) im Guten wie im Bösen am höchsten bewertet wird, meist länger wirksam bleibt und nachfolgendes Handeln umso mehr steuert, je stärker der Eindruck war.

Ist im Vorstellungsinterview der erste Eindruck sehr positiv, hat dies zur Folge, dass unbewusst bereits eine Vor-Entscheidung getroffen werden kann: **Den Bewerber will ich haben, der passt zu uns!** Und um diese unbewusste Entscheidung zu rechtfertigen, bewirkt Sympathie in der Folge eine selektive Wahrnehmung – der Personaleinsteller sieht und hört vor allem noch das, was er sehen und hören will, und übersieht, überhört oder bewertet unbewusst milder das, was nicht seinen positiven Erwartungen entspricht.

Weiterhin gilt das ungeschriebene Gesetz „**Was schön ist, ist auch gut**". Das bedeutet, dass bei physischer Attraktivität einer Person auch auf das Vorhandensein von bestimmten sozial erwünschten Eigenschaften geschlossen wird. **Schöne Menschen gelten als nett, freundlich und erfolgreich.** Was glauben Sie, weshalb attraktive Schauspieler und „Schlagerstars" so oft angehimmelt werden? Wegen ihres Könnens?

Wer z. B. sympathisch wirkt und pünktlich zum Vorstellungsgespräch kommt, gilt als allgemein zuverlässig. Wer sympathisch wirkt und auch als intelligent eingestuft wird, gilt auch spontan als aktiv, zuverlässig und ehrlich.

Im Übrigen: Wie geht es Ihnen bei einem „Lustkauf", den Sie sich eigentlich gar nicht leisten sollten? Kommen Ihnen da nicht auch tausend Argumente, warum der Kauf jetzt sein muss und nur Vorteile für Sie hat?

Doch wehe, wenn Sie zunächst einmal so aufgetreten sind, wie der Personaleinsteller es sich wirklich nicht wünscht, dann verbünden sich diese Effekte gegen Sie!

In dem Maße, wie Sie unsympathisch wirken würden, bestünde immer drohender die Gefahr, dass der Personaleinsteller alles daran setzt, seine Antipathie und die damit verbundene Ablehnung Ihrer Person zu rationalisieren. Seine selektive Wahrnehmung würde Ihre guten Seiten unbewusst eher unterdrücken, aber voll konzentriert auf Schwächen lauern, um das vorgefasste negative Urteil bestätigt zu finden: **Der Bewerber taugt nicht für unser Unternehmen!**

Im Übrigen: Geht es Ihnen nicht genauso, dass Sie alles, was Ihnen auf den ersten Blick unsympathisch erscheint, abwehren wollen? Dass Sie hundert Gründe für die Ablehnung finden?

Sehen Sie, alle Menschen reagieren nach den gleichen Prinzipien! Und deshalb können Sie der Spontanverarbeitung der Personaleinsteller nicht entgehen. Auf der anderen Seite haben Sie aber sehr gute Chancen, die Spontanverarbeitung der Personaleinsteller gezielt positiv zu beeinflussen.

2 Signale des Körpers und der Kleidung

2.1 Die Körpersprache – was die Signale unseres Körpers über uns vermitteln

Ob Sie Ihr Ziel erreichen, so aufzutreten, dass Sie von Personaleinstellern sofort als „voll sympathisch" empfunden werden, hängt stark von Ihrer Körpersprache ab: Körperform und -fülle, Kleidung, Aussehen, Geschlecht, Mimik, Gestik, alles wird von jedem Menschen, der Sie sieht, wahrgenommen unbewusst verarbeitet und bewertet.

Zunächst einmal wirkt Ihr Körper als Ganzes im positiven wie im negativen Sinn. Im Prinzip kann man davon ausgehen, dass ein Mensch, der von anderen wahrgenommen wird, bei einer Mehrheit von Betrachtern folgende persönliche Wirkung erzielt, auch wenn er im Einzelfall durchaus anders bewertet werden kann:

Die Teilbereiche der Körpersprache in der Reihenfolge wie wahrgenommen	und ihre Wirkung auf andere	
	positive Wirkung	negative Wirkung
Körpergröße und -fülle	sportliche Gestalten, nicht zu kräftig und nicht zu schwach	im Vergleich zu große/ kleine Gestalt und zu große Fülle
Äußerlicher Gesamteindruck allgemeines Erscheinungsbild	attraktiv, sauber, schlank, gepflegte Haare, gepflegte Fingernägel, angenehm riechend	hässlich, schmutzig, ungepflegt, abgekaute Fingernägel, unangenehm riechend
Auftreten/Benehmen	gute Manieren, richtiges Distanzverhalten	schlechte Manieren, plumpe Vertraulichkeiten

Achten Sie darauf, dass Sie möglichst viele Eigenschaften aus der linken Spalte erfüllen!

Aber nicht nur unser Körper als statisches Gebilde, auch unsere Bewegungen- als Motorik bezeichnet - hinterlassen einen positiven oder negativen Eindruck:

Die Teilbereiche der Motorik	und ihre Wirkung auf andere	
	positive Wirkung	negative Wirkung
Pantomimik – Haltung des gesamten Körpers	aufrecht und doch entspannt	gespannt buckelig, schlaff, eingesunken
Gestik – als abgestimmte Bewegung der Arme und Hände	gestenreich, runde Bewegungen	ohne Gesten, linkische Bewegungen
Mimik – Bewegungen der Gesichtsmuskulatur	lächelnd, variantenreich	regungslos, „ohne eine Miene zu verziehen"
Lokomotorik = Gang – die abgestimmte Bewegung der Beine und Füße	fest, dynamisch	zu forsch, hektisch, schleichend, unsicher, stolpernd

Achten Sie darauf, dass Sie möglichst viele Eigenschaften aus der linken Spalte erfüllen!

Aus der Körpersprache wird auch auf bestimmte persönliche Eigenschaften geschlossen. Folgende Zusammenhänge sind wissenschaftlich belegt:

Äußerlichkeit	wird verknüpft mit der (Charakter-) Eigenschaft
dem Gesprächspartner in die Augen sehen	sozial verträglich, kann mit anderen Menschen umgehen
freundlicher Gesichtsausdruck, häufiges Lächeln	
sympathische Gesamterscheinung	
sanfte Gesichtszüge	
angenehme Stimme	
angespannte Sitzhaltung	Gewissenhaftigkeit und Genauigkeit
förmliche Kleidung	
steifes Gehen	
angestrengtes Vorlesen	
höheres Alter	

Äußerlichkeit	wird verknüpft mit der (Charakter-) Eigenschaft
unsichere Gesamterscheinung	Unsicherheit
steifes Gehen	
hektisches Sprechen	
unangenehme Stimme	
unbewegter Gesichtsausdruck	
sympathische Gesamterscheinung	hohes Bildungsniveau
freundlicher Gesichtsausdruck	
angenehme Stimme	
attraktives Äußeres	
kultivierte Erscheinung	

Quelle: Borkenau und Liebler (Psychologen) Untersuchungen, in:
Siegfried Frey: Die Macht des Bildes. Verlag Huber, 1999

2.2 Kleider machen Leute – wichtige Kleidungsregeln für Männer und Frauen

Personaleinsteller möchten erfolgreiche Menschen einstellen. Jemand, der gut und gepflegt aussieht, wird für erfolgreich gehalten. Denken Sie immer an das Sprichwort **„Kleider machen Leute"**! Gerade als Bewerber um eine Führungsposition ist daher angemessene Kleidung zum Einstellungsgespräch Pflicht. Im Übrigen drücken wir durch Kleidung auch Respekt für Personen und Gelegenheiten aus. Zeigen Sie bereits durch Ihre Kleidung, dass Ihnen das Gespräch und die Firma wichtig sind!

Was heißt „angemessene" Kleidung?

„Gleich und gleich gesellt sich gern." Menschen suchen sich mit anderen Menschen zu umgeben, mit denen sie Gemeinsamkeiten haben, denn Gemeinsamkeiten verbinden. Auf diese psychologische Wirkung, gegen die der Verstand kaum ankommt, müssen Sie sich einstellen – ändern können Sie das nicht. Zeigen Sie also Bereitschaft zur Gemeinsamkeit, indem Sie sich so kleiden, wie es in der Branche üblich ist. Dabei gilt der Grundsatz, lieber etwas besser als zu schlecht gekleidet zu sein. Selbst wenn Sie sich in Schlips und

Kragen unwohl fühlen, in manchen Branchen werden Sie beides tragen müssen! Werfen Sie daher alle falschen Ratgeber weg, die Ihnen einreden wollen, dass Sie sich in Ihrer Kleidung unbedingt wohlfühlen müssen. Sie müssen in erster Linie adrett, gepflegt und branchengemäß aussehen – natürlich muss Ihnen die Kleidung auch stehen –, damit Sie Ihren Gesprächspartnern gefallen.

Der Köder muss dem Fisch schmecken, nicht dem Angler!

Als Führungskraft zählt nach wie vor Anzug in Businessblau oder im gewerblichen Bereich auch eine stimmige Kombination als optimale Kleidung für das Vorstellungsgespräch.

Für Damen gilt entsprechend Hosenanzug, Kostüm oder Kleid mit Jacke. Kleider und Röcke sollten knapp übers Knie, nie bis zum Boden reichen. Auch wadenlang wird nicht uneingeschränkt positiv gesehen. Es geht im Vorstellungsgespräch nicht darum, den eigenen Modegeschmack auszuleben, sondern es geht darum, Ihren Gesprächspartnern auf Anhieb zu gefallen!

In Kleinunternehmen, Handwerksbetrieben und kreativen Berufen (Werbeagentur, kleine IT-Unternehmen) ist die „Kleiderordnung" lockerer. In ausgemachter Freizeitkleidung sollte man sich aber auch dort nicht vorstellen.

Wichtige Grundregel für Frauen: **Kleiden Sie sich weiblich, aber nicht sexy!**

Frauen haben ein Problem bei Männern, wenn sie nicht zu ihrer Weiblichkeit stehen. Kaum ein Mann mag „unweiblich" wirkende Frauen.

Frauen, die ihren Körper, ihre Weiblichkeit jedoch dominierend in den Vordergrund stellen, haben ein Problem bei Männern und bei Frauen, denn sie geraten leicht in den Verdacht, außer „tits 'n ass" nichts oder nur wenig anzubieten zu haben. In den Unternehmen, in denen Frauen vorwiegend wegen ihres Aussehens genommen werden, werden sie entsprechend auch eher für „Freiwild" gehalten. Das muss eine Frau dann auch wirklich mögen, um es auszuhalten. Wer zu aufgedonnert zum Vorstellungsgespräch erscheint, erweist sich daher keinen Gefallen und macht sich weibliche Personaleinsteller sogar zum Gegner! Frauen wissen: Der natürliche Feind einer Frau ist eine andere Frau!

Weitere Kleiderregeln, die Sie beachten sollten, finden Sie auf der nächsten Seite.

	Männer	Damen
Grundsätzlich	Männlich gepflegt	Weiblich damenhaft auftreten – nicht sexy! So wenig nackte Haut als möglich zeigen!
Haare und Make-up	Die Haare sollten sehr gut geschnitten und frisch gewaschen sein. Verzichten Sie auf Lack und Gel!	Haare dürfen nicht strähnig herumhängen, dürfen aber auch nicht über Gebühr aufgedonnert sein. Dezentes Make-up ist sinnvoll. Nagellack nur farblos.
Accessoires	Piercing kommt in der Regel gerade bei Führungskräften sehr schlecht an – auch an den Ohren! Verzichten Sie auf überdimensionierte Uhren, Fingerringe und Hand- oder Halsketten!	Ringe – maximal zwei! Auf Armreifen verzichten – nichts darf klimpern. Ohrringe sind O. K. – wenn sie nicht überdimensioniert sind und nicht scheppern, und wenn es keine zehn Stück sind, die das Ohr perforieren. Goldketten/Uhren eher dezent.
Oberkörper	Helles Hemd – nicht weiß, das ist zu feierlich, außer bei Vorstellungsgesprächen in einer Bank; hellblau oder auch hellbeige sind gute Farben.	Jacke und helle, farblich angenehme Bluse – BH darf sich nie abzeichnen! Achtung: Grau und Schwarz sind keine Farben, sondern Zustände!
	Krawatte: kräftige Farbe (Rot-Anteil, wirkt lebendig). Muster: ohne oder neutral, keine Mickey-Mouse und auch keine Golfschläger!	Schal ist möglich, aber eher dezent und farblich gut abgestimmt. Parfum dosiert einsetzen.
Beine/Füße	Straßenschuhe – sauber, schwarz.	Schuhe – dunkel, mit Absätzen – aber keine Stilettos.
	Socken farblich zur Hose abgestimmt und so weit gehend, dass keine Haut sichtbar wird.	Strumpfhose in Fleischfarbe; kein Netz, keine schwarze Farbe!

3 Wie Sie sich optimal auf das Einstellungsgespräch vorbereiten

3.1 Nervosität abbauen

Einmal ganz grundsätzlich: Wann wird ein Mensch nervös?

Nervosität tritt dann auf, wenn Menschen das Gefühl haben, in der momentanen Situation, in der sie jetzt gerade stecken, erstens unterlegen zu sein und zweitens sich wegen dieser Unterlegenheit zu blamieren. Kurz gesagt, wenn Sie Angst haben, im Einstellungsgespräch unterlegen zu sein, und gleichzeitig befürchten, aus dieser Unterlegenheit heraus eine Niederlage einzustecken – denn als solche empfinden Sie die „Nichteinstellung" –, dann werden Sie nervös sein.

Wie können Sie Nervosität vermeiden?

Es klingt ganz einfach und banal, aber Nervosität können Sie am besten vermeiden, indem Sie zum einen begreifen, dass eine Absage Ihnen zwar im Moment nicht hilft, aber keine Niederlage ist. Zum zweiten können Sie Nervosität zumindest verringern, indem Sie sich auf die Situation, die Sie im Einstellungsinterview erwartet, gut vorbereiten.

Eine Absage ist keine Niederlage

Wenn Sie im Lotto spielen und keine sechs Richtigen haben, ist das keine Niederlage. Bei Personaleinstellungen ist es genauso. Sie sind gut, aber ein anderer hat bessere Beziehungen oder hat einfach auf einem bestimmten Gebiet mehr Erfahrung als Sie und wird Ihnen vorgezogen – das gibt es halt! Aber das ist keine Niederlage für Sie!

Vorbereitung ist nicht alles – aber ohne Vorbereitung ist alles nichts!

Jede Einladung zum Vorstellungsgespräch bedeutet, dass eine erste wichtige Hürde geschafft ist. Sie werden grundsätzlich als möglicher Mitarbeiter betrachtet. Das heißt, dass Ihre Bewerbungsunterlagen durch einen ersten Check durchgekommen sind. Man ist grundsätzlich mit dem, was Sie als Fachkompetenz zu bieten haben, einverstanden.

Dennoch sind weitere Tests zur genaueren Feststellung Ihrer Kompetenzen möglich. Auf jeden Fall werden Sie jedoch als „Mensch" getestet. Man versucht zu ergründen, ob Sie auch über bestimmte Persönlichkeits- und soziale Kompetenzen verfügen, die zur Zusammenarbeit in dem Unternehmen als unumgänglich notwendig erachtet werden.

Sie sollten daher sehr gut vorbereitet, pünktlich und auch vom Äußeren her in optimaler Form bei dem Unternehmen eintreffen.

Den ersten Teil der Vorbereitung haben Sie schon erledigt, Sie haben diese Anleitung gekauft. Lesen Sie diese Anleitung nicht wie ein interessantes Buch, das man nach der Lektüre jedoch folgenlos zur Seite legt, sondern nehmen Sie es als Lehrbuch, aus dem Sie Lehren ziehen sollten. Und dann, wenn Sie spüren, dass Sie gut vorbereitet sind, dann werden Sie merken, dass Ihre Nervosität und Ihre Ängste vor einem Vorstellungsgespräch immer kleiner werden.

3.2 Zwölf Schritte zur optimalen Vorbereitung

Wenn Sie die nachfolgenden Punkte beachten, werden Sie mit größter Wahrscheinlichkeit gut vorbereitet zum Vorstellungsgespräch eintreffen:

1. Die Einladung bestätigen

Gerade bei Bewerbungen um nicht alltägliche Positionen ist es ein Akt der Höflichkeit, sofort nach Eingang der Einladung zum Vorstellungsgespräch den Termin zu bestätigen. Das kann telefonisch, per E-Mail oder per Brief erfolgen. Wenn das Unternehmen um schriftliche Bestätigung bittet, sollten Sie dies auch schriftlich tun.

Textvorschlag:		Termin zum Erledigen
	Sehr geehrte Frau/Herr …, sehr gerne bestätige ich Ihnen den Termin zum Vorstellungsgespräch/Assessment-Center am … in … Ich freue mich darauf, Sie und … (das Unternehmen) näher kennenzulernen. Mit freundlichen Grüßen	

2. Organisation planen und vorbereiten

Planen Sie die Anreise möglichst genau und mit genügend Zeitpuffer. Auf keinen Fall sollten Sie riskieren, zu spät zu kommen. Notfalls sollten Sie den Weg vorher testen.

Anreise organisieren	Maßnahme		Termin zum Erledigen
	Strecke/Verbindung erkunden		
	Ticket für Flug buchen		
	Ticket für Zugfahrt buchen		
	Hotel reservieren		
	Auto checken	Tank füllen	
		Auto waschen	

3. Informationen über das Unternehmen einholen

Aus zwei Gründen sollten Sie sich gut über das Unternehmen informieren.

Information zum Selbstschutz

Wenn Sie relativ uninformiert über das Unternehmen sind, werden vielleicht unangenehme Überraschungen auf Sie warten, falls Sie die angestrebte Stelle erhalten.

Information zur Erfüllung von Erwartungen

Die Interviewer werden Ihnen nicht abnehmen, dass Sie sich wirklich für das Unternehmen interessieren, wenn Sie sich über das Unternehmen uninformiert zeigen. Dabei gilt, dass Sie umso umfassender informiert sein müssen, je höher der hierarchische Einstieg in das Unternehmen, je anspruchsvoller die Stelle ist. Informiert sein heißt, das Unternehmen mindestens in den folgenden Punkten zu kennen:

Quellen	Themen	Termin zum Erledigen
Internet	Stellung in der Branche	
Geschäftsberichte	Entwicklung des Unternehmens	
IHK für gewerbliche Unternehmen	Produktpalette	
Handwerkskammern für Handwerker	sonstige Leistungen/Besonderheiten des Unternehmens, z. B. Kooperationen mit FHs/Universitäten usw.	

4. Selbstpräsentation entwickeln und trainieren

Eine Anleitung zur Entwicklung Ihrer Selbstpräsentation ist in Kapitel 4.4.

Selbstpräsentation		Termin zum Erledigen
	entwickelt	
	gelernt	
	geübt	

5. Antworten auf alle wichtigen Fragen im Vorstellungsgespräch vorbereiten und trainieren

Fragen, auf die Sie vorbereitet sein sollten, finden Sie weiter hinten im Buch.

Einstellungs-fragen		Termin zum Erledigen
	aus Ratgeber entnommen	
	gelernt	
	geübt	

6. Wichtige Testverfahren üben

Auch wenn es unzählige Testverfahren gibt, so werden doch einige bevorzugt angewendet. Daher sollten Sie auf die gängigen Arten vorbereitet sein.

Testaufgaben		Termin zum Erledigen
	Zahlenreihen vervollständigen	
	Wortverständnisübungen	
	anspruchsvolle Mathematiktests	
	Planspiele	
	Rollenspiele z. B. Mitarbeiterzielgespräch führen, Mitarbeiterkritikgespräch führen Teambesprechung leiten	

Neben solchen Tests, die auf die Erkennung Ihrer Fähigkeiten und Kompeten-zen oder Ihrer allgemeinen Intelligenz gerichtet sind, existieren auch eine ganze Menge psychologischer Tests. Zu deren Durchführung ist eigentlich Ihre persönliche Zustimmung erforderlich. Weiterhin ist es erforderlich, dass man Ihnen zusichert, diese Tests nach Abschluss des Einstellungsverfahrens zu vernichten. Wird weder Ihre Zustimmung eingeholt, noch die Vernichtung der Ergebnisse zugesichert, spricht das nicht für das Unternehmen.

7. Eigene Fragen notieren (siehe auch Kapitel 5)

Notieren Sie sich Ihre Fragen an das Unternehmen, und arbeiten Sie diese durchaus wie eine Checkliste ab, damit Sie nichts Wichtiges vergessen.

Wichtig ist, dass Sie Ihre Fragen nicht abstrakt stellen, sondern so, als seien Sie bereits im Unternehmen angestellt (siehe auch Kapitel 5)

8. Entgeltforderung vorbereiten (siehe auch Kapitel 5)

Gegen Ende des Gespräches wird auch über das Arbeitsentgelt gesprochen. Hier ist es nützlich, wenn man zumindest die tariflichen Beträge kennt.

9. Notwendige Unterlagen zusammenstellen

Hinzurichten sind das Einladungsschreiben, die kompletten Bewerbungsunterlagen, falls vorhanden auch gute Arbeitsproben, eine kurze Liste mit eigenen Fragen. Bei Bedarf auch Papier und Stift für Notizen.

Am Vortag organisieren	Unterlagen, die bereitzulegen sind	O. K.	erledigt
	Einladung zum Gespräch		
	Anschreiben / Lebenslauf		
	Arbeitsproben		
	Fahrkarte(n)/Wegbeschreibung		
	Tasche		
	Schreibblock/Terminplaner		
	Tintenroller		
	Mobiltelefon (für Notfälle)		
	Geld(-börse)		
	Taschentücher		
	Laptop für Präsentationen		

10. Die passende Kleidung vorbereiten

Wie Sie sich grundsätzlich präsentieren, entnehmen Sie bitte Kapitel 2.

Der erste Eindruck beim Vorstellungsgespräch ist besonders wichtig. Deshalb müssen Sie auf Ihr Erscheinungsbild achten: gepflegte Hände, saubere Schuhe, passender Kleidungsstil.

Eine schicke Kleidung sollten Sie wählen, die zur eigenen Person passt. Beim Kleidungsstil müssen Sie sich aber daran orientieren, was für den Beruf, die Stellung und die Branche erwartet wird.

Eine Woche vorher prüfen	Kleidung	O. K.	Termin zum Erledigen
	Frisur/Friseurtermin		
	Schuhe		
	Anzug/Hose/Jacke/ Rock/Bluse/Hosenanzug/ Kostüm		

11. Verhalten am Vortag

Vorbereitungen	erledigt
Taschen packen	
Literatur/Zeitung für Wartezeiten	
Kamm/Bürste (es könnte windig sein)	
Ggf. Essen / Trinken richten	
Kleider zurechtlegen	
Unterlagen zurechtlegen	
Frühzeitig zu Bett gehen – ausschlafen	
Nichts zu sich nehmen, was am anderen Tag noch duftet – Knoblauch etc.	

12. Organisation des Tages

Den Tag organisieren			Zeitplan
	Ankunftszeit festlegen	zuzüglich Reserve (10 - 20 min, je nach Entfernung)	
zurückrechnen	Startzeit zur Abfahrt festlegen		
zurückrechnen	Zeit für ausreichendes Frühstück		
zurückrechnen	Zeit für sorgfältige Morgentoilette		
zurückrechnen	Weckzeit		

Verhalten im Unternehmen
Gleich nach Ankunft ggf. Kleidung/Frisur/Make-up nochmals prüfen
Weg zum Raum erkunden, in dem das Gespräch stattfindet
Freundliche Anmeldung im Vorzimmer/bei den Interviewpartnern

4 Das Vorstellungsgespräch

4.1 Stressinterview

Grundsätzlich gilt: Stressinterviews, die auf Fragen wie den folgenden aufbauen, werden nur in Unternehmen durchgeführt, die noch nicht gemerkt haben, dass die Zeit an ihnen vorbeigegangen ist. Sie sind grundsätzlich kein gutes Zeichen und schon gar keine positiv imagebildende Maßnahme.

Beispiele für solche Fragen/Anmerkungen, die mit Arbeitswelten nichts zu tun haben:

Frage: *Ohne Ihnen zu nahe treten zu wollen – aber Ihre Krawatte finde ich ziemlich geschmacklos. Weshalb haben Sie diese Krawatte für heute ausgewählt?*
oder
Frage: *Wie oft waren Sie an Mobbing-Aktionen in Ihrem Unternehmen beteiligt?*
oder
Frage: *Schlagen Sie Ihre Freundin immer noch?*
– durch die Unterstellung „immer noch" kann die Frage weder mit „Ja" noch mit „Nein" sinnvoll beantwortet werden.

Unternehmen, die auf der Höhe der Zeit sind, ersetzen diese unnatürlichen Stresssituationen durch Simulation von Situationen, wie sie im Arbeitsalltag vorkommen.

Werden Sie als Bewerber gezielt einem verbalen Stressinterview unterzogen, halten Sie dennoch folgende Grundregel ein: Sie handeln auf keinen Fall nach dem Motto „Aug' um Aug', Zahn um Zahn", sondern bleiben souverän und reagieren ruhig und freundlich mit einer Gegenfrage.

Sie kennen den Satz: „Wer schlägt, hat Unrecht!"?

So ist es auch mit verbalem Verhalten. Je unkontrollierter Sie auf Provokationen reagieren, umso mehr disqualifizieren Sie sich selber, da Sie zeigen, dass Ihre Stressresistenz unterentwickelt ist. Das wird Ihnen nie positiv gutgeschrieben.

Mit eigener Gegenaggression werden Sie eine solche Situation niemals meistern.

Also: Wie auch immer sich Ihr Gesprächspartner geben mag – unfreundlich, möglicherweise persönlich werdend oder sogar beleidigend –, Sie bleiben souverän und FOKA, also freundlich, optimistisch, kommunikativ positiv und aktiv, auch wenn es noch so schwer fällt. Aktiv bleiben Sie, indem Sie das Gespräch an sich ziehen und Ihrerseits die richtige Gegenfrage stellen. Diese Gegenfrage muss eine offene Frage sein, also eine Frage, auf die der andere nicht mit „Ja" oder „Nein" antworten kann. Wenn das der Fall wäre, läge der Ball schnell wieder in Ihrem Spielfeld. So aber muss der andere zunächst einmal Zeit finden um überlegt reagieren zu können.

Sie werden also auf keinen Fall auf Fragen dieser Art antworten, sondern eine kluge offene Gegenfrage auf freundliche, ausgeglichene Weise stellen, etwa in dieser Art:

„Im Moment sehe ich keinen Zusammenhang zu der zu besetzenden Stelle. Welche Zusammenhänge sehen Sie denn?"
oder
„Aus welchen Gründen glauben Sie, mit dieser Frage eine arbeitsrelevante Belastbarkeit testen zu können?"
oder
„Weshalb ist meine Antwort eine notwendige Voraussetzung, um die Stelle zu bekommen?"

Sie können auch ein Statement abgeben:

„Verdeutlichen Sie mir doch bitte, in welchem Zusammenhang diese Frage zur ausgeschriebenen Stelle steht!"

Normalerweise wird in einem Vorstellungsgespräch keine Ihrer Antworten kommentiert. Es ist sicheres Zeichen für ein bewusstes Stressinterview, wenn man Ihre Antworten negativ kommentiert. Völlig unqualifizierte Stress-Anmerkungen auf Ihre Antworten hören sich in etwa so an:

Diese Antwort war doch wohl voll daneben, das wissen Sie doch selber, oder?
oder
Ist das wirklich alles, was Sie dazu zu sagen haben?
oder
In welchem Ratgeber haben Sie denn diese Antwort gelesen?

Sie lassen sich jedoch aus den oben bereits dargelegten Gründen nicht provozieren. Auch bei Anmerkungen dieser Art bleiben Sie ruhig und souverän und fragen freundlich zurück:

„Was bedeutet diese Reaktion auf meine Antwort?"
oder
„Was haben Sie vor mit mir? Worauf kommt es Ihnen denn wirklich an?"
oder
„Was bezwecken Sie mit diesem Statement?"

Es lohnt sich nicht, seine Seele zu verkaufen und mit aller Gewalt eine Stelle anzustreben in einem Unternehmen, dessen Kultur es nicht zulässt, dass Bewerber zwar anspruchsvoll, aber nicht würdelos behandelt werden. Es ist völlig angemessen, Bewerber mit arbeitsbezogenen Situationen zu konfrontieren, die 100%-igen Einsatz fordern, durchaus auch über einen längeren Zeitraum, in einem Assessment-Center auch über einen vollen Tag. Stress jedoch auf eigentlich kindisch-sadistische Weise zu erzeugen, hat mit simulierten Arbeitsbedingungen nichts zu tun. Geht es dennoch mit Anmerkungen dieser Art weiter, beenden Sie das Gespräch mit Stil und Würde, freundlich, aber bestimmt:

„Wie ich Ihren Kommentaren entnehme, kann ich Ihre Ansprüche nicht befriedigen. Daher werde ich Ihre kostbare Zeit nicht weiter in Anspruch nehmen und jetzt gehen. Ich bin sicher nicht der richtige Mitarbeiter für ein Unternehmen, in dem ein solcher Umgang mit Mitarbeitern bevorzugt wird."

oder

„Da Sie wiederholt meine Qualifikation mit Fragen zu ergründen suchen, deren Sinn ich einfach nicht nachvollziehen kann, bin ich mir sicher, nicht der Mitarbeiter zu sein, den Sie suchen. Daher werde ich Ihre kostbare Zeit nicht weiter in Anspruch nehmen und jetzt gehen. Vielen Dank für die Mühe, die Sie sich mit mir gegeben haben."

4.2 Die Benimmregeln, denen Sie folgen müssen

Gerade weil einerseits an „gute" Bewerber bestimmte Erwartungen gestellt werden und andererseits aus Ihrer Körpersprache und Ihrem Verhalten immer und sofort auf bestimmte Charakterzüge geschlossen wird, müssen Sie, um im Einstellungsinterview die Erwartungen zu erfüllen, einige besonders wichtige Verhaltensweisen durchgehend berücksichtigen.

Sobald Sie im Unternehmen eintreffen, gelten nur noch folgende Regeln:

Körpersprache

• Grundsatz: Zeigen Sie sich vom ersten Eintreten an und bis zum Verlassen des Unternehmens als FOKA-Typ freundlich, optimistisch, kommunikativ in wohlverstandenem Sinn und aktiv!

• Es gelten nach wie vor alle „altmodischen" Regeln der Höflichkeit:

Halten Sie – wenn Sie ein Herr sind – Damen die Tür auf!

Drängeln Sie sich nicht vor anderen durch eine enge Tür – lassen Sie ihnen den Vortritt!

• Ein Händedruck soll fest sein, nicht lasch! Drücken Sie anderen, vor allem Damen, jedoch nicht die Hand ab!

• Setzen Sie sich erst hin, wenn Sie dazu aufgefordert werden!

• Sitzen Sie aufrecht und gerade! Stützen Sie sich nicht nach links oder rechts ab!

• Männer schlagen im Sitzen nie die Beine übereinander. Frauen dürfen das tun.

• Halten Sie beim Sprechen wie auch beim Zuhören Augenkontakt. Nichts signalisiert in einem Gespräch die Zuwendung zu seinem Partner so sehr wie der freundliche, offene Augenkontakt.

• Menschen, die lächeln, wirken angenehm.

• Gerade heute, da überall heftige Nichtraucherschutzgesetze erlassen werden, sollten Sie anderen Menschen keinen Qualm zumuten.

Kommunikation

• Reden Sie Ihren Gesprächspartner im Interview mit Titel und Nachnamen an.

• Auch wenn Sie von älteren Gesprächspartnern „geduzt" werden, bleiben Sie immer beim „Sie", bis Sie aufgefordert werden, Du zu sagen.

• Reden Sie, wenn Sie gefragt werden, aber dann nie blind drauflos!

• Antworten Sie genau auf die Fragen, die Ihnen gestellt werden. Ausweichen hilft selten, da meist entsprechende Nachfragen kommen, die Sie zwingen, auf den Punkt zu kommen.

• Unterbrechen Sie niemals Ihren Gesprächspartner – gleich wer es ist!

• Kritisieren Sie grundsätzlich nichts und niemand! Sprechen Sie ausschließlich positiv – oder gar nicht.

• Sage immer die Wahrheit – aber die Wahrheit nicht immer! Es kann peinlich werden, über Tee zu lästern, besonders wenn sich herausstellt, dass Ihr Gesprächspartner ein Tee-Fan ist.

• Wenn der Personaleinsteller kühl und abweisend wirkt – bleiben Sie immer freundlich!

Ess- und Trinkgewohnheiten

• Wenn man Ihnen ein Getränk anbietet, nehmen Sie es an – und trinken Sie ohne jedes Geräusch; auch heißer Kaffee wird nicht geschlürft. Warten Sie, bis er abgekühlt ist.

• Wenn man Ihnen etwas zu essen anbietet, essen Sie geräuschlos.

• Lassen Sie die Ellenbogen weg vom Tisch, nur die Unterarme sind aufgelehnt.

• Der Kopf wird beim Essen nicht zum Teller geführt – auch nicht bei Suppe –, sondern der Löffel/die Gabel wird vom Teller zum Mund geführt.

• Teller müssen nicht gefüllt werden, bis sie überlaufen – Löffel auch nicht.

4.3 Die absoluten Todsünden beim Vorstellungsinterview

Einmal von der negativen Seite betrachtet: Sie verderben sich alle Chancen, wenn Sie

• zu spät kommen zum Vorstellungsgespräch! 10 Minuten vor der Zeit dort sein!

• sich mangelhaft vorbereitet zeigen

  • unklare Vorstellungen über die Tätigkeit haben
  • keinerlei Wissen über Firma, Produkte oder Geschäftsfelder haben

• eine schlechte Leistung bringen

  • langweilig, ausschweifend, langatmig oder ungenau antworten
  • keine Antworten auf „normale" Fragen im Vorstellungsgespräch haben

• sich dauerhaft minderwertig darstellen – leider bei Frauen beliebt

  „Ich habe das noch nie gekonnt!"
  „Normalerweise lasse ich kein Fettnäpfchen aus!"
  „Immer mache ich alles falsch!"
  „Von Computertechnik habe ich keine Ahnung."

• sich überheblich aufführen – leider bei Männern beliebt

  • Antworten auf missliebige Fragen unfreundlich geben
  • Menschen negativ werten: „Da hatte ich mal so einen blöden Kollegen ..."
  • Dinge negativ werten: „In unserer Produktion wird doch nur Mist gemacht ..."
  • angeben/übergroßes Selbstwertgefühl demonstrieren
  „Das kann doch jeder Anfänger!"
  „Das ist doch für einen Fachmann wie mich kein Problem."

• mit Ausreden Lücken überspielen wollen – leider bei Männern beliebt

  „Das habe ich eben noch gewusst ..."
  „Es liegt mir auf der Zunge ..."
  „Ich weiß es, kann es aber schlecht erklären!"
  „Normalerweise beherrsche ich das – aber heute in der Aufregung ..."

4.4 So präsentieren Sie Ihren Lebenslauf

Zu Beginn wird man Ihnen in der Regel die Chance geben, sich die Anfangs-
nervosität ein wenig auszureden. „Sind Sie gut angekommen?", „Haben Sie uns
gut gefunden?" sind die typischen Anfangsfloskeln. Das Reden über sich selbst
soll Ihnen Sicherheit geben. Vergeben Sie hier nicht schon alle Chancen durch
zu wenig oder durch zu langatmiges Reden.

**Danach beginnt „das eigentliche Gespräch" häufig mit der Aufforde-
rung:**

„Erzählen Sie doch bitte etwas über sich selbst!"

Ihr Gesprächspartner möchte nun von Ihnen erfahren, was Sie in Ihrem Leben
für wichtig halten. Hier haben Sie die Gelegenheit, zwei oder drei Minuten
etwas über sich selbst zu erzählen. Es ist nicht in erster Linie wichtig, was Sie
wann und zu welchem Zeitpunkt getan haben, sondern wichtiger ist es, zu
vermitteln,

• **aus welchen Gründen Sie etwas gemacht haben,**

• **die Ziele, die Sie erreichen wollten,**

• **die Erfahrungen, die Sie gesammelt haben.**

Grundsätzlicher Inhalt einer soliden Selbstpräsentation:

Zu Ihnen persönlich (wenn Sie noch jung sind)

> • Kindheit, Jugendzeit – wo stammen Sie her?

Ihr Studiengang (wenn Sie noch jung sind)

> • Welche Gründe gab es für die Wahl der Uni/des Studienganges/den
> Wechsel des Studienganges/für ein Studium im Ausland? Was wollten
> Sie erreichen?

> • Welche Schwerpunkte haben Sie weshalb gesetzt?

> • Gab es Highlights und Niederlagen – was haben Sie daraus gelernt?

Ihr beruflicher Werdegang

- Was hat Ihre Berufswahl beeinflusst? (Wenn Sie noch jung sind)

- Wo stehen Sie jetzt? – Ggf.: Was möchten Sie im Berufsleben noch erreichen?

- In welchen Unternehmen sind Sie gewesen?

- Aus welchen Gründen haben Wechsel stattgefunden?

- Was waren Ihre beruflichen Schwerpunkte/Tätigkeiten und Aufgaben?

- Gab es Highlights und Niederlagen – was haben Sie daraus gelernt?

Gründe für die Wahl des Unternehmens

- Welche Gründe sprechen für die Bewerbung in das Unternehmen, in dem Sie sich jetzt präsentieren?

- Was sind Ihre Ziele in dem Unternehmen, in dem Sie sich jetzt präsentieren?

Dinge, die Sie sonst noch tun

- Engagement in Vereinen etc., Hobbys und besondere Interessen

Achtung: Nennen Sie keine Hobbys, die auf Inaktivität (Faulenzen, Kneipenbummel) oder zu hohe Risiken (Drachenfliegen, Hochgebirgsklettern) hindeuten.

Nennen Sie nicht zu vieles, damit man nicht meinen kann, Sie haben kaum Zeit für die Arbeit.

Seien Sie darauf gefasst, dass man bei manchen Punkten nachfragen wird. Das ist völlig normal.

4.5 Die Fragen, auf die Sie eine überzeugende Antwort haben müssen

Nach der Selbstpräsentation kommen dann in aller Regel die Fragen der Personaleinsteller in beliebiger Reihenfolge. Sie finden hier diese möglichen Fragen nach Kategorien geordnet, was nicht heißt, dass im Einstellungsinterview diese Fragen so geordnet oder in dieser Reihenfolge gestellt werden. Ganz im Gegenteil, in der Regel sind die Fragen bunt gemischt.

Jeder Arbeitgeber hat ein Interesse an möglichst viel Information über den Bewerber, der Bewerber hat Interesse am Schutz seiner Persönlichkeitssphäre. Um beiden Interessen gerecht zu werden, sind bestimmte Fragen zulässig, andere unzulässig.

4.5.1 Zulässige Fragen – wann Sie nicht ungestraft lügen dürfen!

Frage: *Haben Sie Ihren Wehr- oder Ersatzdienst schon geleistet?*

Diese Frage muss wahrheitsgemäß beantwortet werden.

Frage: *Haben Sie eine Kur bewilligt bekommen, die Sie demnächst antreten?*

Wenn Sie sich im Zeitpunkt des Antritts des geplanten Arbeitsverhältnisses in Kur befinden, müssen Sie dies auch ungefragt angeben.

Frage: *Liegt bei Ihnen eine Suchtkrankheit – Alkoholkrankheit, Rauschgiftsucht – vor?*

Bewerber müssen auf eine bestehende Trunksucht (Tablettensucht/Rauschmittelsucht) ungefragt hinweisen, wenn sie erkennen können, dass sie aufgrund ihrer Krankheit nicht in der Lage sein werden, den wesentlichen Anforderungen des Arbeitsplatzes gerecht zu werden. (Urteil des ArbG Kiel vom 21.01.1982)

Die Frage nach einer bestehenden Alkoholabhängigkeit bzw. erhöhtem Alkoholkonsum muss ein Bewerber auf jeden Fall wahrheitsgemäß beantworten.

Frage: *Wie steht es allgemein um Ihre Gesundheit?*

Diese Frage ist unzulässig. Sie müssen jedoch auch ungefragt darauf hinweisen, wenn Sie an einer Krankheit leiden, die die angestrebte Beschäftigung behindert oder unmöglich macht, oder wenn Ansteckungsgefahr für Arbeitskollegen besteht.

Frage: *Sind Sie schwerbehindert?*

Die Frage nach der Schwerbehinderung ist stets zulässig und muss wahrheitsgemäß beantwortet werden , da sich aus einer Schwerbehinderung zahlreiche Rechtspflichten für den Arbeitgeber ergeben (Mehrurlaub, verstärkter Kündigungsschutz). (Urteil des BAG vom 01.08.1985, Az.: 2 AZR 101/83)

Schwerbehinderte haben sogar die Pflicht, ihre Schwerbehinderung unaufgefordert offenzulegen, wenn sie erkennen können, dass sie nicht in der Lage sein werden, die vertraglich vorgesehenen Arbeiten zu erbringen. (Urteil des BAG vom 29.02.1986, Az.: 2 AZR 24485)

Frage: *Sind Sie vorbestraft?*
oder
Frage: *Läuft gegen Sie ein Ermittlungsverfahren?*

Nur Vorstrafen, die in Zusammenhang mit Tätigkeiten stehen, die für den Beruf wichtig sind, dürfen nur nicht mehr genannt werden, wenn sie aus dem Strafregister getilgt sind. Wenn Sie sich als kaufmännischer Leiter bewerben, müssten Sie ansonsten ehrlich gestehen, dass Sie wegen Unterschlagung verurteilt worden sind. Ein Bewerber, der sich um eine Stelle bewirbt, muss von sich aus und ungefragt dem zukünftigen Arbeitgeber offenbaren, dass er demnächst eine rechtskräftige Freiheitsstrafe zu verbüßen hat. Hierbei ist unerheblich, ob die Straftat, derentwegen er verurteilt wurde, in Zusammenhang mit der zu verrichtenden Tätigkeit steht. Entscheidend ist allein, dass die vertragsmäßige Leistungspflicht durch die zu verbüßende Haftstrafe nicht erfüllt werden kann.

Rechtsfolgen:

Alle diese Fragen müssen Sie ehrlich und zutreffend beantworten, auch wenn sie in einem Personalfragebogen stehen. Tun Sie dies nicht, kann der Arbeitgeber den Arbeitsvertrag lösen, wenn ihm bekannt wird, dass Sie gelogen haben. Er kann sogar Schadenersatz von Ihnen fordern, da ihm ein Schaden entsteht, wenn er einen neuen Mitarbeiter suchen muss.

4.5.2 Unzulässige Fragen – wann Sie ungestraft lügen dürfen!

Fragen aus Ihrer persönlichen Lebenssphäre, die nichts mit dem Beruf zu tun haben, sind voll unzulässig:

Frage: *Wollen Sie demnächst heiraten?*
oder
Frage: *Leben Sie mit einem Freund/einer Freundin zusammen?*
oder
Frage: *Wie sieht Ihre Familienplanung aus?*
oder
Frage: *Sind Sie schwanger?*
oder
Frage: *Haben Sie vor, demnächst schwanger zu werden?*

Selbst wenn Fragen unerlaubt sind, sollten Sie aus taktischen Gründen nicht auf die Unerlaubtheit eingehen, sondern sich klug verhalten und die Frage beantworten; allerdings so, dass die Antwort für Sie vorteilhaft ist. Dazu dürfen Sie auch lügen. Sie sollten jedoch nie hart und rechthaberisch antworten, sondern entspannt bleiben und Ihr charmantestes Lächeln aufsetzen.

„Nein, da habe ich noch gar nicht daran gedacht!"
„Familienplanung ist abgeschlossen", antworten Sie mit all Ihrem Charme!

Gerade alle Fragen rund um Familienplanung / Schwangerschaft sind generell nicht zulässig. Ausnahmen wären nur (umstritten) möglich, wenn die Bewerberin Rechte aus dem Mutterschutzgesetz beanspruchen kann, z. B. bei Verbot von Akkordarbeit, oder wenn nur Frauen eingestellt werden. Der Europäische Gerichtshof (EuGH) in Luxemburg hat im Januar 2000 entschieden, dass jede Abweisung einer schwangeren Frau eine nicht zulässige Diskriminierung darstellt.

„Nein, meine Familienplanung ist abgeschlossen!", antworten Sie mit all Ihrem Charme!

Frage: *Haben Sie Schulden?*

Die Frage ist nur bei der Besetzung von besonders bedeutsamen Positionen oder Positionen in besonderen Vertrauensstellungen zulässig (z. B. Bankkassierer), wenn ungeordnete wirtschaftliche Verhältnisse eine Gefährdung des Vermögens des Arbeitgebers darstellen können. Ansonsten muss sie nicht wahrheitsgemäß beantwortet werden.

„Nein, meine Finanzen sind im Reinen!", antworten Sie mit all Ihrem Charme!

Frage: *Welcher Religion, Partei oder Gewerkschaft gehören Sie an?*

Zu seiner Religions-, Partei- oder Gewerkschaftszugehörigkeit muss kein Bewerber wahrheitsgemäße Auskunft geben, es sei denn, er strebt die Einstellung in einem **Tendenzunternehmen** an. Tendenzunternehmen sind Unternehmen, deren Unternehmenszweck es ist, geistig-ideelle Ziele zu erreichen (Religionsgemeinschaften, Parteien, Gewerkschaften). Wenn Sie in solchen Betrieben arbeiten wollen, müssen Sie dort wahrheitsgemäß antworten.

Rechtsfolgen:

Auf unzulässige Fragen dürfen Sie als Bewerber bewusst falsche Auskünfte geben, ohne dass für Sie die Gefahr einer Anfechtung des Arbeitsvertrages besteht, da keine „Arglist" im Sinne des § 123 BGB vorliegt. Wenn ein Arbeitgeber etwas Ungesetzliches tut, können Sie nicht dazu gezwungen werden, sich in eine nachteilige Position zu begeben.

Das gilt auch, wenn diese Fragen in einem Personalfragebogen stehen. Kreuzen Sie immer „nein" an – es kann Ihnen absolut nichts geschehen.

4.5.3 Fragen zum Unternehmen

Keine Frage, dass an Führungskräfte zum Teil andere Fragen gestellt werden als an andere Bewerbergruppen, wobei der Grundsatz gilt, dass die Fragen umso herausfordernder sind, je höher die zu besetzende Stelle angesiedelt ist bzw. je anspruchsvoller die Aufgabenstellung ist. Und es werden auf gleiche Fragen – z. B. „Wo sehen Sie Ihre Stärken?" – qualitativ andere Antworten erwartet.

Frage: *Was wissen Sie über unser Unternehmen?*
oder
Frage: *Wie sehen Sie unser Unternehmen im Vergleich zum Rest der Branche?*
oder
Frage: *Welches Unternehmen sehen Sie als unseren stärksten Konkurrenten?*

Frage: *Welche Stärken und Schwächen sehen Sie in dem Bereich, den Sie besetzen möchten?*
oder
Frage: *Könnten Sie kurz eine persönliche SWOT-Analyse zu unserem Unternehmen skizzieren?*

Wenn Fragen – wie hier – untereinander stehen, bedeutet das, dass die Fragen sich so ähnlich sind, dass man sie im Prinzip mit der gleichen Antwort beantworten kann.

Genaues Antworten auf diese Fragen ist ein MUSS!

Je gehobener die Position ist, für die Sie sich bewerben, umso detaillierter müssen Sie über das Unternehmen informiert sein.

Sie sollten unbedingt eine Einschätzung des Unternehmens, seiner Produkte, seiner Stellung in der Branche/im Markt abgeben können! Sie müssen daher die wesentlichen Zahlen wie Umsätze, Entwicklung, Anzahl Mitarbeiter, Sparten, Tätigkeitsschwerpunkte, Produkte des Unternehmens kennen!

Es könnten auch Fragen nach Größe und Besonderheiten der Branche oder den Auswirkungen der Globalisierung gestellt werden.

Versuchen Sie aus den Informationen über das Unternehmen, die Branche und die Marktbedingungen eine

SWOT-Analyse (Strength – Weakness; Opportunities – Threats) zu erstellen.

Sie ist ein übliches Werkzeug des strategischen Managements, das Sie als Führungskraft in seiner grundsätzlichen Ausprägung kennen sollten.

Eine gute Anleitung hierzu erhalten Sie ohne Gewähr im Internet unter:

http://www.fh-brandenburg.de/~hoeft/toolbox/swot.htm

Kleine Abhandlung SWOT-Analyse

S(trength) – W(eakness) bezieht sich auf das Unternehmen	
● **Stärken (Strength)** – **interne Faktoren** · Auf welche Ursachen sind vergangene Erfolge zurückzuführen? Produkte, Produktionsfaktoren, Standorte, Flexibilität · Welches sind die Chancen des Unternehmens in der Zukunft?	● **Schwächen (Weakness)** – **interne Faktoren (vorsichtig und nur dosiert ansprechen!)** · Welche Schwachpunkte gilt es auszubügeln und künftig zu vermeiden? · Welches Produkt ist besonders umsatzschwach? · Welche Potenziale liegen vor, die mit neuen Strategien stärker genutzt werden können?
O(pportunities) – T(hreats) beziehen sich auf Umwelteinflüsse	
● **Chancen (Opportunities)** – **externe Faktoren** · Welche Möglichkeiten stehen offen? · Welche Trends gilt es zu verfolgen?	● **Gefahren (Threats)** – **externe Faktoren** · Welche Schwierigkeiten hinsichtlich der gesamtwirtschaftlichen Situation liegen vor? · Sind die Markttrends stabil? · Was machen die Wettbewerber? · Bedrohen Technologiewechsel die eigene Marktstellung? · Was ist von zurzeit diskutierten politischen Entscheidungen zu erwarten? · Ändern sich die Gesetze, Vorschriften für Beruf, Produkte oder Serviceleistungen?

Als Außenstehender werden Sie ein Unternehmen niemals vollständig analysieren können. Dennoch erhalten Sie Anhaltspunkte zu den Stärken und Schwächen eines Unternehmens von

• Internet-Seiten/sonstigem Informationsmaterial des Unternehmens

• der Industrie- und Handelskammer

• Menschen, die in dem Unternehmen beschäftigt sind

• Zeitungsartikeln über das Unternehmen.

Stärken und Schwächen sind allein von internen Entscheidungen des Unternehmens abhängig. Es liegt an den Führungskräften, die Schwächen relativ zu seinen Konkurrenten zu erkennen und optimal darauf zu reagieren, aber auch seine Stärken eigenverantwortlich weiter auszubauen.

Die von den externen Faktoren drohenden Gefahren und gegebenen Chancen sind vom Unternehmen nicht beeinflussbar. Die Führungskräfte sollten jedoch in der Lage sein, die eigenen strategischen Möglichkeiten im Vergleich zur Konkurrenz realistisch einzuschätzen, um auf sich ändernde externe Bedingungen schnell und nachhaltig reagieren zu können.

Bei Ihren Antworten müssen Sie jedoch strategisch und klug vorgehen.

Auch wenn dick auf Internet-Seiten oder in Stellenanzeigen nach außen sehr überzeugend kommuniziert wird, dass junge Menschen, die in das Unternehmen eintreten, „querdenken" und „frischen Wind" in die Firma bringen sollen – glauben Sie es nicht!

Das Ganze ist meist eine üble Falle für junge Nachwuchskräfte. Weshalb?

Jeder Vorschlag eines anderen, der einem selbst nicht einfiel, trifft das eigene Ego umso heftiger, je übersteigerter es angelegt ist.

Merke: In Abhängigkeit vom Verhalten des Kritikers auf der einen Seite und der Ausprägung des Selbstwertgefühles und Überlegenheitsstrebens auf der anderen Seite werden Vorschläge von anderen wie Kritik an eigenen Vorschlägen und Taten bewertet, damit als Angriff auf die eigene Persönlichkeit erlebt und bekämpft.

Das sollten Sie nicht riskieren. Eine kluge Antwort könnte so strukturiert sein:

Einleitung – gestehen, dass die Analyse nicht perfekt ist	Stärken schildern	Schwächen und Bedrohungen sollten Sie vorsichtiger schildern	Motivations-satz – ganz wichtig, um das EGO Ihrer Partner zu besänftigen
„Die Position des Unternehmens sehe ich aufgrund meiner zugegeben nicht vollkommenen Informationen in folgender Weise:	**Die Stärke(n) des Unternehmens** sehe ich in … · da Sie hier im Vergleich zu … (sehr gut abschneiden). · Die Chancen sehe ich … (auf dem Gebiet), · da dieser Markt … (sich vor allem in China sehr gut entwickelt).	**Möglicherweise könnte es sich für das Unternehmen als Schwäche erweisen, dass** … (· Produkt fehlt, · unterentwickelt ist, · kein Folgeprodukt erkennbar ist …) **Risiken könnten sich eventuell ergeben, da** (· der Markt … zunehmend Regulationen unterworfen ist, · sich ein Tech-nologiewandel abzeichnet …)	Aber Sie als starkes Unternehmen werden das meistern."

Müssen Sie so reden, wie ich schreibe?

Nicht unbedingt. In diesem Text werden Sie immer wieder Musterantworten in wortwörtlicher Rede finden. Das sind aber nur Vorschläge. Diese Vorschläge orientieren sich jedoch immer an einer bestimmten Struktur, die besonders gut geeignet ist, nachhaltig in den Zuhörern zu wirken. Natürlich können Sie die einzelnen Redewendungen gerne übernehmen, wenn sie Ihnen gefallen und wenn sie zu Ihrem Berufsbild grundsätzlich passen. Ansonsten suchen Sie sich Antworten, in denen Sie sich genauer wiederfinden.

Eine grundsätzliche Anmerkung dazu: **Geben Sie auf alle Fragen möglichst immer Antworten, die sich konkret an Fakten orientieren.** Das Aufzählen konkreter Fakten dient als Beweis für Ihre Bewertungen, die Sie dann in einem Schlusssatz tätigen. Schlusssatz deshalb, weil Sie mit diesem Vorgehen die Frage schlüssig beantworten.

Bei aller Individualität sollten Sie der grundsätzlichen Struktur der Rede- und Argumentationsmuster daher folgen und die jeweils vorgeschlagene Dialektik beibehalten: Einleitungssatz – Beweissatz – Motivationssatz – Schlusssatz. Dieses Schema werden wir auf den nächsten Seiten genauer erläutern. Es ist zielgerichtet und in unterschiedlichsten Vorstellungsgesprächen und Simulationen erprobt.

Meine Formulierung:

Frage: *Weshalb wollen Sie gerade in unser Unternehmen kommen?*

Auch zur Beantwortung dieser Frage ist es wichtig, Ihren Gesprächspartnern zu verdeutlichen, dass Sie wichtige Informationen zum Unternehmen haben, die sehr positiv auf Sie wirken und Sie bewogen haben, sich gerade bei diesem Unternehmen zu bewerben. Seien Sie dabei durchaus phantasievoll, und lehnen Sie sich z. B. an Äußerungen des Unternehmens im Internet an. Ansonsten sind – außer den Informationen, die Sie direkt aus den Informationsseiten des Unternehmens abrufen – auch Informationen aus der Presse oder aus persönlichen Kontakten zur Argumentation gut geeignet.

Allgemein positive Antwortmöglichkeit:

Beweissatz	Motivationssatz
„Ihre Gesellschaft ... ist ein aufstrebendes mittelständisches Unternehmen, mit Stärken in ...	Ich freue mich daher sehr, wenn Sie meiner Qualifikation vertrauen und mir die Chance einräumen, bei Ihnen Verantwortung zu überneh-men.''
Darüber hinaus spricht mich die Aufgabenstellung sehr an. Insbesondere ... empfinde ich als eine sehr reizvolle Aufgabe.	

Nicht gut wäre folgende Argumentation:

„Sie bieten bessere Sozialleistungen (Betriebsrente).''
„Ihr Unternehmen ist verkehrsgünstiger zu erreichen als andere.''
„Sie sind die Einzigen, die gerade suchen.''

Allgemein rate ich davon ab, diese Argumente zu benutzen, da es Scheinargumente sind, die nichts mit den Zielen des Unternehmens zu tun haben.

Meine Formulierung:

4.5.4 Fragen zur beruflichen Motivation und zur persönlichen Biografie

Frage: *Welche Gründe bewegen Sie zu einem Wechsel des Unternehmens?*

Diese Frage dient dazu zu ergründen, ob ein Bewerber „flüchten" will oder muss oder ob er freiwillig geht. Ideale Bewerber wechseln wegen interessanter Aufgabenstellungen oder Aufstiegsmöglichkeiten, die sie im alten Unternehmen nicht hatten. Wenn Sozialleistungen im Vordergrund stehen, ist das meist das Aus für den Bewerber.

Achten Sie darauf, ähnlich zu antworten wie auf die Frage: Weshalb wollen Sie gerade in unserem Unternehmen arbeiten?

1. Gründe des Wechsels, die voll akzeptiert sind:

1) Sie finden neue, interessante Aufgaben in dem neuen Unternehmen, die Sie sehr gerne tun, die Ihnen sehr liegen, die Sie in Ihrer jetzigen Beschäftigung nur weniger häufig tun können.

2) Sie wollen aufsteigen, und das geht im bisherigen Unternehmen nicht, z. B. da Ihr Geschäftsführer nur wenige Jahre älter ist als Sie.

Meine Gründe:

Frage: *Warum ist es gerade diese Stelle/Funktion, für die Sie sich bewerben?*
oder
Frage: *Was reizt Sie gerade an dieser Stelle/Funktion, für die Sie sich bewerben?*

Mit diesen Fragen will man die Motivation für Ihre Bewerbung erkunden! Wenn Fragen – wie hier – untereinander stehen, bedeutet das, dass die Fragen sich so ähnlich sind, dass man sie im Prinzip mit der gleichen Antwort beantworten kann.

Was ist Motivation?

Motivation ist der innere Antrieb eines Menschen zum Handeln. Dieser Antrieb zum Handeln ist jedoch nicht einheitlich begründet. Es gibt quasi drei Motivationsansätze, von denen jeweils entweder eine positive Aktivierung (Zuwendung) oder eine negative Aktivierung (Abwehr) ausgelöst wird.

Primäre Motivation:

Primäre Motivation bedeutet, dass ein Drang zum Handeln entsteht, weil man **Lust** auf etwas hat. Wir wehren aber auch alles ab, was uns **Unlust** bereitet.

Sekundäre Motivation:

Sekundäre Motivation bedeutet, dass wir tätig werden, um bestimmte **Ziele** zu erreichen. Menschen ohne Ziele bleiben inaktiv. Aus dieser Motivation kommen aber auch Aktivitäten gegen alles, was uns bei der Erreichung unserer Ziele stört.

Tertiäre Motivation:

Tertiäre Motivation bedeutet, dass wir tätig werden aus **Angst.** Zunächst passen wir uns an aus Angst, dass wir noch größere Probleme hätten, wenn wir uns nicht anpassen würden. Erst wenn ein bestimmter Punkt überschritten wird, lehnen wir uns auf.

Personaleinsteller bevorzugen Führungskräfte, die das, was sie tun, gerne tun. Sie suchen also Menschen mit positiver primärer Motivation, da bei denen die Wahrscheinlichkeit am größten ist, dass die positive Aktivierung, das positive Sich-beschäftigen-Wollen mit den anfallenden Tätigkeiten und Aufgaben lange andauert. Wenn dazu auch noch positive Ziele kommen, z. B. sich voll anzustrengen, um gute Arbeit zu leisten, weil man stolz auf das Erreichte sein möchte (und um gutes Geld zu verdienen), dann geht der Personaleinsteller davon aus, dass vor ihm jemand sitzt, der dauerhaft Leistung bringen will. Überzeugt der Bewerber nun auch noch durch Können, indem er aufzeigt, dass er über die notwendigen Fähigkeiten für die Tätigkeit verfügt, dann weiß der Personaleinsteller, dass der Bewerber grundsätzlich in das Unternehmen passt.

Personaleinsteller suchen jedoch keine Führungskräfte, die sich täglich unwillig an die Arbeit schleppen, da sie keinen Bock auf diese Tätigkeit oder gar Arbeit an sich haben. Wer keinen Gefallen an den Tätigkeiten findet, die er ausüben soll, wird schwerlich motiviert sein, sich voll anzustrengen, um gute Leistungen zu erzielen.

Sie wünschen sich auch keine Führungskräfte, die sich nichts zutrauen, die Angst haben, den Anforderungen aus der Position nicht gewachsen zu sein, oder die Angst davor haben, mit anderen Menschen zusammenzuarbeiten, obwohl das erforderlich ist.

Eine gute Antwort muss also Elemente der primären und sekundären Motivation beinhalten und aufzeigen, dass man neben der Motivation auch über die geforderten Fähigkeiten verfügt, um die ausgeschriebenen Tätigkeiten und Aufgaben zu bewältigen. Elemente der tertiären Motivation sind nicht gefragt – wer sucht schon angstgetriebene Menschen? Daher sollten Sie keine Motive tertiärer Grundlage nennen.

- Verdeutlichen Sie Ihre **primäre Motivation,** indem Sie ausdrücken, dass Sie

    - **Freude** an der Position und den zu erledigenden Tätigkeiten und Aufgaben haben,

    - die Tätigkeiten und Aufgaben **spannend** und **interessant** finden.

- Verdeutlichen Sie Ihre **sekundäre Motivation,** indem Sie über **Ihre Ziele** sprechen, die in Zusammenhang mit der Berufstätigkeit stehen.

- Zeigen Sie, dass Sie über die richtigen Fähigkeiten verfügen, ohne anzugeben!

- Zeigen Sie ggf., dass Sie genug Selbstvertrauen haben, um noch mehr Verantwortung zu übernehmen.

Regel 1) Die meisten guten Antworten auf Fragen nach eigenen Fähigkeiten und Kenntnissen folgen der Struktur:

Einleitungssatz, gefolgt von einem **Beweissatz** und einem **Motivationssatz.** Oft nutzt es, die Argumentation mit einem **Schlusssatz** abzurunden.

Beweis-, Motivations- und Schlusssatz sind jedoch flexibel einsetzbar.

In der **Einleitung** beziehen Sie sich auf das Aufgaben- und Anforderungsprofil, das gesucht wird.

Im **Beweissatz** zählen Sie auf, welche Tätigkeiten und Aufgaben Sie in der Vergangenheit mit gutem Erfolg bewältigt haben, und „beweisen" damit, dem geforderten Profil zu entsprechen. Im **Motivationssatz** drücken Sie Ihre primäre Motivation aus (Gefallen an Tätigkeiten haben, Freude in der Arbeit erleben). **Im Schlusssatz** sollten Sie als plausiblen Schluss Ihre sekundäre Motivation – Ihre Zielmotivation – formulieren und ein klares Bekenntnis zur Stelle ablegen.

Antwortmöglichkeit:

Einleitung	Beweissatz	Motivations-satz	Schlusssatz
„Sie suchen eine verantwortungs-bewusste Persönlichkeit als Finanzvorstand.	Ich bin davon überzeugt, dass der Aufgaben-bereich voll mei-nen Fähigkeiten …	… und meinen Neigungen entspricht. Da mich vor allem die Aufgabe als … sehr anspricht (reizt),	möchte ich sehr gerne in Ihrem Unternehmen Verantwortung übernehmen."

Stehen in der Anzeige bestimmte Eigenschaften, sollten Sie selbstverständlich diese nennen, da das Unternehmen diese Eigenschaften sucht. Werden keine Eigenschaften gefordert, können Sie gerne in der Einleitung positive Eigenschaften wie in diesem Beispiel "verantwortungsbewusst" dennoch nennen, da diese bei der Nennung sofort unbewusst mit Ihnen verbunden werden. Daher ist es sehr wichtig, dass Sie sich an das Einfügen prägnanter positiver Eigenschaften gewöhnen und die Eigenschaften auch völlig selbstverständlich aussprechen können.

Meine Formulierung:

Frage: *Was sind Ihre konkreten Vorstellungen von der Position als ...?*

oder

Frage: *Was werden Sie als Erstes tun, wenn Sie diese Position antreten?*

Mit dieser Frage will man erstens erkennen, ob Sie Ahnung von der Tätigkeit/ Aufgabe haben, und zweitens, ob Ihre Vorstellungen, wie Sie Ihr Amt führen wollen, sich mit den Vorstellungen der Verantwortlichen im Unternehmen decken, wie das Amt geführt werden soll. Schildern Sie daher plastisch und detailliert, **was** (Tätigkeiten und Aufgaben) Sie **wie** (Methoden) **weshalb** (welche Methode zu welchem Zweck) erledigen.

Verdeutlichen Sie daher genau, was Sie erreichen möchten. Reden Sie so, als seien Sie bereits der Stelleninhaber. Beziehen Sie sich dabei, sofern Sie das schon wissen, auf die Erwartungen, die die Verantwortlichen an den Stelleninhaber hegen:

Allgemeine Antwortstruktur:

Statement	Ihre Maßnahmen	Motivationssatz
„Sie erwarten von mir, a) dass die Neukundengewinnung verbessert und b) ein effizientes Kostenmanagement eingeführt wird.	Zunächst werde ich - genau **analysieren,** welche Gründe vorliegen ... - dann werde ich Ihnen **Zielvorschläge unterbreiten** und mit Ihnen abstimmen, · welche **Ziele** durch · welche personellen und finanziellen **Maßnahmen** · bis zu welchem **Termin** erreicht werden sollen - dann werde ich die Maßnahmen **umsetzen** - und **kontrollieren,** dass auch wirklich alles entsprechend der Zielsetzung läuft - notfalls müssen Maßnahmen **korrigiert** werden.	Ich bin überzeugt, dass sich sehr schnell die gewünschten Erfolge einstellen werden."

Bereiten Sie Ihre mögliche Antwort gerade auf diese Frage sehr gut vor!

Meine Formulierung:

Frage: *Was sind Ihre Erwartungen an die Position, die Sie anstreben?*

Diese Frage hat große Ähnlichkeit zur vorherigen Frage, beleuchtet jetzt jedoch mehr Ihre persönlichen Erwartungen, wie Sie Ihr Amt führen wollen. Dabei wird sich zeigen, ob sich Ihre Vorstellungen mit den Vorstellungen der Verantwortlichen im Unternehmen decken. Auch hier gilt das oben Gesagte: Sind Ihre Erwartungen zu unterschiedlich zu den Erwartungen der anderen Seite, ist eine gedeihliche Zusammenarbeit dauerhaft kaum möglich.

Um dies zu vermeiden, sollten Sie sehr klar schildern, was Sie bezüglich Ihrer Amtsführung erwarten. Besser Meinungsunterschiede treten jetzt auf – auch wenn sie dazu führen, dass Sie die Stelle nicht bekommen –, als wenn Sie in der Probezeit wegen dieser Meinungsunterschiede ausscheiden.

Verdeutlichen Sie daher genau, was Sie möchten. Reden Sie so, als seien Sie bereits der Stelleninhaber. Beziehen Sie sich dabei, sofern Sie das schon wissen, auf die Erwartungen, die die Verantwortlichen an den Stelleninhaber hegen:

Allgemeine Antwortstruktur:

Statement	Ihre Erwartungen	Motivationssatz
„Sie erwarten von mir, a) dass die Neu-kundengewinnung verbessert und b) ein effizientes Kostenmanagement eingeführt wird.	Ich erwarte mir, dass ich die Zeit bekomme, - genau zu **analysieren,** welche Gründe vorliegen … - dann werde ich Ihnen **Zielvor-schläge unterbreiten** und mit **Ihnen abstimmen,** · welche **Ziele** durch · welche personellen und finanziellen **Maßnahmen** · bis zu welchem **Termin** erreicht werden sollen - dann werde ich die Maßnahmen **umsetzen** - und **kontrollieren,** dass auch wirklich alles entsprechend der Zielsetzung läuft - notfalls müssen Maßnahmen **korrigiert** werden.	Ich bin überzeugt, dass sich sehr schnell die gewünschten Erfolge einstellen werden, wenn Sei mich unterstützen und mir Freiräume zum Agieren einräumen."

Meine Formulierung:

Frage: *Was sind Ihre Langzeitziele?*
oder
Frage: *Was wollen Sie in fünf Jahren sein?*

Ihr Gesprächspartner möchte mit diesen Fragen feststellen, ob Sie jemand sind, der sich Gedanken um die Zukunft macht. Machen Sie Ihr Interesse an einer auf lange Sicht angelegten Zusammenarbeit glaubhaft.

Eine gute Antwort könnte sich also für eine junge Führungskraft so anhören:

„Ich möchte mich zunächst einmal gut in die Abteilung/das Unternehmen einfinden und gute Arbeit machen. Alles Weitere wird sich finden. Wenn Sie mir mehr Verantwortung zutrauen, bin ich gerne bereit, mehr Verantwortung zu übernehmen."

Wenn Sie an einem schnellen Aufstieg interessiert sind, halten Sie sich trotzdem etwas zurück. Sie können jedoch gerne ergänzen:

„Im Prinzip hoffe ich, dass Sie mir in fünf Jahren bereits mehr Verantwortung übertragen haben, als ich jetzt habe."

Oder

"Ich möchte mich als Geschäftsführer zunächst einmal gut in die Abteilung/das Unternehmen einfinden und gute Arbeit machen.

Ich von meiner Seite wünsche mir eine dauerhaft gute Zusammenarbeit."

Antworten wie: „In fünf Jahren möchte ich hier Abteilungsleiterin sein!" klingen allerdings sehr großkotzig und passen auch nur in großkotzige Unternehmen.

Meine Formulierung:

4.5.5 Fragen zu Fähigkeiten und Eigenschaften

Frage: *Wie charakterisieren Sie Ihren Arbeitsstil?*

Auch mit dieser Frage will man erkennen, ob Ihre Vorstellungen, wie Sie Ihr Amt führen wollen, sich mit den Vorstellungen der Verantwortlichen im Unternehmen deckt, wie das Amt geführt werden soll.

Schildern Sie daher plastisch und detailliert, **was** (Tätigkeiten und Aufgaben) Sie **wie** (Methoden) **weshalb** (welche Methode zu welchem Zweck) erledigen.

Allgemeine Antwortstruktur:

Statement	Beweissätze	Motivations-satz
„**Sie erwarten von mir,** (dies und das) zu bewältigen.	① An meiner bisherigen Stelle zählen … zu meinen hauptsächlichen Tätigkeiten und Aufgaben. (Vergessen Sie nicht, ausdrücklich auch auf Führungsaufgaben – erklären, anleiten, korrigieren – Bezug zu nehmen.)	Insgesamt macht es mir viel Freude, so zu arbeiten.“ (zum Schluss einmal)
	② Als **Entscheidungsregel** (wie Sie sich organisieren) habe ich mir angewöhnt, Dringendes vor Wichtigem zu erledigen.	
	③ Bei der **Aufgabe** … gehe ich **methodisch** wie folgt vor …	
	④ **Mein Sicherungssystem** … (was Sie tun, um Fehler auszuschließen oder schnell selbst zu entdecken)	
	⑤ **Besonders achte ich auf** … (nochmals auf Besonderheiten und Schwierigkeiten der Tätigkeit eingehen)	
	⑥ Das finde ich so sehr zweckmäßig,	
	• weil so (dies und das) verhindert wird.	
	• weil so (dies und das) besonders gut wirksam wird.	

54

Meine Formulierung:

Frage: *Welche Fähigkeiten und Eigenschaften halten Sie in dieser Funktion für wichtig?*
oder
Frage: *Worauf würden Sie achten, wenn Sie einen Nachfolger/Stellvertreter aussuchen müssten?*

Dies sind Fragen zum Aufdecken Ihrer Analyse- und Beurteilungsfähigkeiten, aber auch Ihres Kompetenzprofils. Die erste ist eine nahezu immer gestellte Frage. Die zweite Frage kann vom Inhalt nicht anders beantwortet werden als die erste Frage. Es ist von immenser Bedeutung, dass Sie auf diese Fragen eine richtig gute, das heißt sorgfältig strukturierte und ausformulierte Antwort haben. Wenn Sie den Eindruck erwecken würden, zu wenig über Ursache-Wirkungs-Beziehungen erfolgreicher Arbeit zu wissen, könnte das schwer ins Auge gehen. Man könnte Sie für inkompetent halten.

Zunächst einmal lohnt es sich zu vergegenwärtigen, dass man Menschen arbeitstechnisch in vier Kompetenzbereiche aufschlüsseln kann.

Persönlichkeit	Sachkompetenz
Selbstwertgefühl/Selbstverständnis Grad des Selbstvertrauens, emotionale Ausgeglichenheit *(Stressresistenz)* **Wertesystem**, z. B. Verlässlichkeit, Treue, Verantwortungsbewusstsein, Ehrlichkeit, Berechenbarkeit **Fähigkeit zur Eigenaktivierung** *(Motivation)*: Zielorientierung, Beharrlichkeit, Anstrengungsbereitschaft **Intellektuelle Fähigkeiten** Analysefähigkeit *(Problemerkennung)* Merk- und Denkfähigkeit Ziel- und Lösungsfindung, Kreativität Rhetorik/Ausdrucksfähigkeit	**Wissen** *(Speicherkapazität)* Sach-/Fach-, Spezial- und Allgemeinwissen Vorschriftenkenntnisse
Sozialkompetenz	**Handlungskompetenz**
Fähigkeit zur Zusammenarbeit mit anderen Offenheit/Einfühlungsvermögen in andere Fähigkeit, Sympathie zu wecken	**allgemeine, übergeordnete arbeitstechnische Fähigkeiten** = *Fähigkeit zur Methodenanwendung* Selbstorganisation, Organisations- und Zeitplanung, Managementfähigkeiten **spezifische arbeitstechnische Fähigkeiten** haptische Fähigkeiten/Geschicklichkeit, Aussehen, Konstitution

Analysieren Sie bitte in Verbindung mit dem oben gezeigten Kompetenzprofil anhand des folgenden Schemas genau, wo Ihre Fähigkeiten liegen.

Aus dieser Struktur könnte man natürlich einen Roman verfassen, was jedoch unzweckmäßig wäre. Greifen Sie daher vier Bereiche heraus, damit Sie nichts Wichtiges vergessen:

Persönliche Fähigkeiten	z. B. „Zielorientierung", „Ausgeglichenheit", „Ehrlichkeit", „Verlässlichkeit", „Berechenbarkeit"
Führungs- Fähigkeiten	Wissen + Können z.B. „Anleiten", „Ziele setzen"
Management- Fähigkeiten	Wissen + Können z. B. „analysieren, Ziele setzen, planen, umsetzen, kontrollieren"
Arbeitstechnische Fähigkeiten	Wissen + Können z. B. „Beherrschen von Computerprogrammen"

Wichtige Fähigkeiten, besonders aus den Bereichen „Persönliche Fähigkeiten" und „Management-Fähigkeiten", sollten Sie sich geschickt selber zuschreiben, wobei die arbeitstechnischen Fähigkeiten mit steigender Position tendenziell unwichtiger werden!

Überlegen Sie dabei jedoch gut, welche Antwort Sie auf diese Frage geben. Viele Personaleinsteller fragen zu einem viel späteren Zeitpunkt ganz harmlos nach, was Sie für Ihre persönlichen Stärken halten – und hören genau zu, ob dann andere Eigenschaften genannt werden.

Ein logischer Schritt ist es, zu erwarten, dass die Fähigkeiten und Eigenschaften, die für die von Ihnen ausgewählte Berufstätigkeit wichtig sind, ganz genau zu Ihren Stärken zählen.

Allgemeine Antwortmöglichkeit:

Einleitungssatz	Beweissatz	Motivations-satz
„Als Leiterin der Abteilung ... ist es mir wichtig, konsequent die ... Ziele qualitativ und quantitativ zum richtigen Zeitpunkt zu erreichen **(persönliche Fähigkeit Ziel-orientierung)**.	Damit das zu schaffen ist, habe ich mir angewöhnt, Arbeitsabläufe sehr zielorientiert und präzise zu planen und zu organisieren **(Management-Fähigkeiten)** und auch in herausfordernden Momenten – wenn mal etwas schiefläuft – die Ruhe zu bewahren, um schnell und situationsgemäß reagieren zu können **(persönliche Fähigkeiten)**. Ich lege Wert darauf, dass jeder Mitarbeiter weiß, welcher Beitrag von ihm zur Wertschöpfung des Unternehmens erwartet wird. Über einen engen Kontakt stelle ich sicher, dass diese Beiträge erbracht werden **(Führungs-Fähigkeiten)**. Mit den anderen Führungskollegen arbeite ich verlässlich und vertrauensvoll zusammen **(persönliche Fähigkeit)**	... und es ist schön, so zu arbeiten."

Meine Formulierung:

58

Und weiterhin ist es logisch, dass jeder, der diese Tätigkeiten und Aufgaben übernimmt, die gleichen Fähigkeiten aufweisen muss – also auch ein Stellvertreter.

Allgemeine Antwortmöglichkeit:

Einleitungssatz	Beweissatz
„Bei einem Stellvertreter des Leiters der Fertigung wäre es mir wichtig, dass er in der Lage ist, konsequent die Fertigungsziele qualitativ und quantitativ zum richtigen Zeitpunkt zu erreichen **(persönliche Fähigkeit Zielorientierung).**	Damit das zu schaffen ist, muss er in der Lage sein, Maschinenbelegung und Materialfluss sehr zielorientiert und präzise zu planen und zu organisieren **(Management-Fähigkeiten)** und auch in herausfordernden Momenten – wenn mal etwas schiefläuft – die Ruhe zu bewahren, um schnell und situationsgemäß reagieren zu können **(persönliche Fähigkeiten).** Weiterhin muss er Wert darauf legen, dass jeder Mitarbeiter weiß, welcher Beitrag von ihm zur Wertschöpfung des Unternehmens erwartet wird. Über einen engen Kontakt stellt er sicher, dass diese Beiträge erbracht werden **(Führungs-Fähigkeiten).** Mit den anderen Führungskollegen muss er verlässlich und vertrauensvoll zusammenarbeiten können **(persönliche Fähigkeit).“**

Meine Formulierung:

Frage: *Woraus schließen Sie, dass Sie folgende Fähigkeiten () haben?*

Oft werden gezielte Fragen nach weiteren Fähigkeiten gestellt. Dabei kann jede beliebige Fähigkeit oder Eigenschaft erfragt werden. Es geht den Fragestellern darum, Ihre innere Einstellung zu den Dingen zu erkennen, die Bedeutung, die Sie den Dingen beimessen, zu erspüren.

Auch bei dieser Art von Fragen müssen Sie in der Lage sein, anhand konkreter Beispiele aufzuzeigen, dass Sie über die gewünschten Fähigkeiten und Eigenschaften verfügen. Im Folgenden finden Sie einige konkrete Ansatzpunkte zu gern erfragten Fähigkeiten/Eigenschaften.

• **Zielstrebigkeit**

Beweissatz:

> „Mein Ziel war, meine Doktorarbeit möglichst schnell zu realisieren. Trotz vieler Aufgaben, die ich durch meine Tätigkeit als wissenschaftlicher Mitarbeiter noch neben meiner Forschung zu erfüllen hatte, habe ich dieses Ziel nie aus den Augen verloren. Es ist mir gelungen, meine Dissertation noch vor einigen Kollegen fertigzustellen, obwohl sie wesentlich früher mit ihrer Doktorarbeit begonnen hatten."

Gerne können Sie auch Projekte anführen, die Sie abgewickelt haben.

• **Leistungsbereitschaft/Belastungsfähigkeit**

Gerade bei dieser Frage ist es durchaus günstig, wenn Sie mehrere Gründe anführen können. Achten Sie jedoch immer darauf, vom Wichtigen zum weniger Wichtigen zu gehen. Heben Sie sich allerdings einen guten Grund für den Schluss auf. Weshalb diese Reihenfolge? Die ersten Argumente einer Rede beeindrucken und halten nach, das letzte Argument bleibt besonders gut hängen.

1) „Ich habe sowohl das Studium mit unterdurchschnittlichem Zeitaufwand absolviert als auch mein Forschungsziel als Vorbedingung für die Dissertation in nur ... Jahren erreicht."

2) Grundsätzlich 50-Stunden-Woche bisher

3) Oft bis spät am Abend und am Wochenende noch erheblich länger zur Verfügung gestanden, wenn es im Unternehmen schieflief.

● **Organisation**

Bei manchen Eigenschaften bietet es sich durchaus an, die Antwort mit einem Motivationssatz abzuschließen.

Antwortmöglichkeit:

Beweissatz	Motivationssatz
„In zwei Projektarbeiten habe ich als verantwortlicher Leiter/als Projektmitarbeiter viele Dinge selbständig organisieren müssen. Dazu zählten ...	Das habe ich sehr gerne und sehr erfolgreich gemacht."

● **Kontaktfähigkeit**

Antwortmöglichkeit:

„Ich habe einen großen Freundeskreis (über Unternehmen, Verbandstätigkeit, Sport und ehrenamtliche Tätigkeit)."

● **Aufforderung: *Definieren Sie bitte die Begriffe Kostenbewusstsein und Qualität!***

Gelegentlich kommen auch gezielte Definitionsfragen, um Ihre Vorstellung von den Dingen zu erkennen. Gleichzeitig sind das auch immer kleine Tests, um Ihre Argumentationsfähigkeit zu überprüfen. Langes Herumreden nutzt nichts. Sie müssen in der Lage sein, Dinge präzise auf den Punkt zu bringen.

Antwortmöglichkeit Kostenbewusstsein:

„Kostenbewusstsein heißt für mich: mit Geld, Material und Arbeitszeit verantwortungsbewusst umgehen, um einen definierten Nutzen mit einem Minimum an Aufwand zu erreichen. Das schließt ein, dass notwendige Ausgaben minimiert, unnötige Kosten eliminiert werden."

Antwortmöglichkeit Qualität:

> „Qualität heißt für mich: mit den gegebenen Mitteln optimale Lösungen sowohl innerbetrieblich (Betriebsabläufe) wie auch außerbetrieblich (für Kunden und Umwelt) zu erreichen.
>
> Die Qualität des Produkts darf darunter nicht leiden. Im Gegenteil, sie sollte immer weiter verbessert werden."

Natürlich können Sie auch aufgefordert werden, andere Begriffe zu definieren.

Fragen zu Führung

Führungskräfte sollten wirklich wissen, wie ihr persönliches Führungsverständnis ist, ob Sie nur als Vorgesetzte oder als wirkliche Führungskraft tätig sind.

Setzen Sie voll auf kooperative Führung! Andererseits muss man auch klar sagen, dass viele Unternehmen zwar über kooperativen Führungsstil reden, jedoch eher einen autoritären Führungsstil anwenden, begleitet von Phasen des „laissez faire", in denen sich Neulinge im Unternehmen selbst überlassen sind. Achten Sie daher genau auf die Atmosphäre, in die Sie geraten. Mehr dazu im letzten Kapitel.

Frage: *Welche Bedeutung hat für Sie „Führung"?*

Antwortmöglichkeit, die sich am Grundsatz des kooperativen Führungsstils orientiert:

> „Führen ist für mich die zielorientierte Beeinflussung des Verhaltens von Mitarbeitern in einer Art und Weise,
>
> dass sie die für ein erfolgreiches Arbeiten notwendige Einstellung annehmen und
>
> sich aus Einsicht so verhalten,
>
> dass die konkreten jeweiligen Ziele erreicht werden."

Meine Formulierung:

Frage: *Wie könnten Sie ermitteln/berechnen, wie viel Bier in Frankfurt in einem Jahr getrunken wird?*
oder
Frage: *Wie können Sie ermitteln, wie viele Autos der Marke Ford statistisch gesehen in Köln fahren müssten?*

Eine sehr anspruchsvolle Frage für Bewerber für anspruchsvolle Aufgaben, mit der Kombinatorik, Kreativität und Einfallsreichtum eines Bewerbers ergründet werden kann.

Der Lösungsansatz: Man muss die Kennzahl „Pro-Kopf-Verbrauch an Bier in Deutschland" wissen und wissen, wie viele Einwohner Frankfurt hat, dann kann man ungefähr bestimmen, wie viel Bier in einem Jahr in Frankfurt getrunken wird.

Antwortmöglichkeit:

„Um die Frage zu beantworten, müsste ich die Kennzahl ‚Pro-Kopf-Verbrauch an Bier in Deutschland' wissen und wissen, wie viele Einwohner Frankfurt hat, dann kann ich ungefähr bestimmen, wie viel Bier in einem Jahr in Frankfurt getrunken wird."

Analog verhält es sich zu Ford in Köln.

Frage: *Wie würden Sie sich charakterisieren?*
oder
Frage: *Was sind Ihre Stärken?*

Wir haben oben die Frage gestellt: Welche Fähigkeiten und Eigenschaften halten Sie bei dieser Position für wichtig? Anschließend haben wir geschrieben, dass Sie die Fähigkeiten und Eigenschaften, die für die von Ihnen angestrebte Funktion/Position wichtig sind, kennen müssen. Der logische nächste Schritt ist es, zu argumentieren, dass die Fähigkeiten und Eigenschaften, die für die von Ihnen ausgewählte Berufstätigkeit wichtig sind, ganz genau zu Ihren Stärken zählen.

Auf keinen Fall sollten Sie sich jedoch mit plumpen Worten selber loben, schon gar nicht, wenn es um persönliche Stärken geht. „Ich bin….." gleich was nun kommt, es klingt wie „angeben", und angeben wird selten positiv bewertet.

Gerade Ihre persönlichen Fähigkeiten wie Führungsfähigkeit, Loyalität, Ruhe und Übersicht bewahren, sollten Sie unbedingt und nur im Beweisstil glaubhaft kommunizieren.

Antwortmöglichkeit:

Beweissatz	Motivationssatz
„Als Leiterin der Abteilung Finanzen ist es mir wichtig, konsequent die Finanzziele qualitativ und quantitativ zum richtigen Zeitpunkt zu erreichen. Damit das zu schaffen ist, habe ich mir angewöhnt, die erforderlichen Aktivitäten sehr zielorientiert und präzise zu planen und zu organisieren **(Management-Fähigkeiten)** und auch in herausfordernden Momenten – wenn mal etwas schiefläuft – die Ruhe zu bewahren, um schnell und situationsgemäß reagieren zu können **(persönliche Fähigkeiten)**.	… und es macht mir Freude, so zu arbeiten."
Ich lege Wert darauf, dass jeder Mitarbeiter weiß, welcher Beitrag von ihm zur Wertschöpfung des Unternehmens erwartet wird. Über einen engen Kontakt stelle ich sicher, dass diese Beiträge erbracht werden **(Führungs-Fähigkeiten)**.	
Mit den anderen Führungskollegen arbeite ich verlässlich und vertrauensvoll zusammen **(persönliche Fähigkeit)**	

64

Meine Formulierung:

```
┌─────────────────────────────────────────────────────────────┐
│                                                               │
│                                                               │
│                                                               │
│                                                               │
│                                                               │
│                                                               │
│                                                               │
│                                                               │
│                                                               │
│                                                               │
│                                                               │
│                                                               │
│                                                               │
│                                                               │
│                                                               │
│                                                               │
└─────────────────────────────────────────────────────────────┘
```

Frage: *Was ist Ihre größte Stärke?*

Erkennen Sie die kleine Falle, die hinter dieser Frage steckt? Nein? Dann überlegen Sie: Wenn eine Stärke oder Fähigkeit die bestentwickelte ist, sind logisch die anderen Fähigkeiten geringer entwickelt. Außerdem: Wenn Sie eine Eigenschaft – z. B. „sorgfältig und präzise zu planen" – als größte Stärke nennen, kommt vielleicht die

Nachfrage: *In Organisation sind Sie also schwächer?*

Gehen Sie dieser Falle aus dem Weg. Zeigen Sie, dass Sie – wie man so schön sagt – „breit aufgestellt sind", dass Sie also über mehrere gut entwickelte positive Fähigkeiten und Eigenschaften verfügen. Sie vermeiden damit zum einen diese kleine Provokation und zeigen zum anderen, dass Sie viele Talente haben und nicht einseitig begabt sind.

Antworten Sie daher – mit Ausnahme des Motivationssatzes – wie eben.

Beweissatz	Motivations-satz
„Als Leiterin der Abteilung Finanzen ist es mir wichtig, konsequent die Finanzziele qualitativ und quantitativ zum richtigen Zeitpunkt zu erreichen. Damit das zu schaffen ist, habe ich mir angewöhnt, die erforderlichen Aktivitäten sehr zielorientiert und präzise zu planen und zu organisieren **(Management-Fähigkeiten)** und auch in herausfordernden Momenten – wenn mal etwas schiefläuft – die Ruhe zu bewahren, um schnell und situationsgemäß reagieren zu können **(persönliche Fähigkeiten)**. Ich lege Wert darauf, dass jeder Mitarbeiter weiß, welcher Beitrag von ihm zur Wertschöpfung des Unternehmens erwartet wird. Über einen engen Kontakt stelle ich sicher, dass diese Beiträge erbracht werden **(Führungs-Fähigkeiten)**. Mit den anderen Führungskollegen arbeite ich verlässlich und vertrauensvoll zusammen **(persönliche Fähigkeit)**.	Ich könnte jetzt nicht sagen, was mir mehr liegt oder dass ich in dem einen oder anderen Punkt noch stärker wäre."

Meine Formulierung:

Frage: *Welche Eigenschaften eines Mitarbeiters/eines Kollegen/eines Kunden ... bereiten Ihnen Schwierigkeiten?*

Mit dieser Frage soll Ihre Sozialkompetenz und Ihre Frustrationstoleranz erspürt werden.

Regel 2): Kritisieren Sie nichts und niemand!

Auch wenn es klar ist, dass jeder Mensch sich gelegentlich einmal über andere Menschen ärgert, ist das im Vorstellungsinterview kein Thema. Allerdings nicht in der Form, dass Sie erklären: „Ich habe mit keinem Menschen jemals Schwierigkeiten gehabt." Das ist völlig unglaubwürdig.

Zeigen Sie auf, dass Sie über eine große Toleranzbreite verfügen und dass Sie so schnell nicht aus der Fassung zu bringen sind.

Antwortmöglichkeit:

Einleitungssatz	Motivationssatz	Erfolgssatz
"Ich selbst bin nicht perfekt, daher erwarte ich im Prinzip auch nicht, dass andere perfekt sind. Auch Kollegen/ Mitarbeiter/Kunden sind Menschen mit Schwächen und Stärken, wie ich selber.	An mich stelle ich den Anspruch, damit umgehen zu können, wenn mal einer aus der Rolle fällt.	Und bis jetzt bin ich auf Dauer noch mit jedem klargekommen."

Diese Antwortmöglichkeit steht Ihnen jedoch nur offen, wenn Sie wirklich über eine ausgeprägte Frustrationstoleranz verfügen. Ansonsten wecken Sie zu große Hoffnungen.

Meine Formulierung:

Frage: *Halten Sie sich für teamfähig?*

oder

Frage: *Können Sie mit anderen Menschen umgehen?*

Diese Fragen gehen in die gleiche Richtung wie eben behandelt.

Antwortmöglichkeit:

Einleitungssatz	Beweissatz	Erfolgssatz
"Ich selbst bin nicht perfekt, daher erwarte ich im Prinzip auch nicht, dass andere perfekt sind. Also versuche ich die Menschen zu nehmen, wie sie sind.	An meiner Arbeitsstelle, im Sportverein und auch sonst habe ich viele gute Bekannte und Freunde, mit denen ich sehr gut klarkomme.	Bis jetzt habe ich noch niemand kennen gelernt, mit dem ich nicht ausgekommen bin."

Sie merken schon: Viele Antworten wiederholen sich in ähnlicher Form.

Das heißt für Sie, dass Sie im Prinzip mit einer Handvoll guter Antworten, die nur wenig variieren, sehr gut über die Runden kommen können.

Macht Sie das nicht jetzt schon sicherer?

Meine Formulierung:

Frage: *Wann geraten Sie in Stress?*

oder

Frage: *Was kann Sie aus der Ruhe bringen? Wie reagieren Sie dann?*

Dies ist eine Frage, um Ihre Ehrlichkeit zu testen. Kein Mensch wird von sich sagen können, dass er immer und überall ruhig bleibt.

Andererseits wäre es nicht gut, einfach zu sagen, dass Sie stressanfällig sind. Sinnvoll wäre es, zu argumentieren, dass Sie erkannt haben, dass Stress nichts bringt, und dass Sie sich Mechanismen erarbeitet haben, um mit Stress sinnvoll umzugehen. Mit Hilfe einer kleinen Anekdote sollte Ihnen das gut gelingen.

Antwortmöglichkeit:

Einleitungssatz	Beweissatz	Erfolgssatz
„Vor Jahren, als junger Auszubildender zum Kfz-Mechaniker, ist mir einmal der Hammer beim Meißeln abgerutscht. Da der Schlag mit viel Kraft ausgeführt war, zerquetschte der Hammer einen Teil der Haut meines Daumens der linken Hand, mit dem ich den Meißel hielt. Es tat höllisch weh! Spontan warf ich den Hammer weg, allerdings so unglücklich, dass er vom Steinboden aufsprang und den Lehrmeister am Bein traf. 10 Sekunden später traf mich eine fürchterliche Backpfeife!	Damals ist mir schlagartig klar geworden, dass es kaum sinnvoll ist, sich aus welchem Grund auch immer gehen zu lassen, zumal wenn andere darunter zu leiden haben.	Heute versuche ich die Dinge zu nehmen und zu akzeptieren, wie sie sind. Diese Einstellung hilft mir sehr, auch mit kritischen Situationen fertig zu werden."

Meine Formulierung:

Frage: *Wie würde Ihr letzter Vorgesetzter Sie charakterisieren?*

Auch in dieser Frage geht es um Ihre Ehrlichkeit. Wenn Sie daraufhin also erklären würden, dass sowohl der Vorgesetzte als auch Ihre Mutter nur Positives über Sie zu sagen hätten, müsste man Sie als unehrlich einschätzen. Andererseits ist es auch nicht sinnvoll, irgendwelche großartigen Charakterschwächen ins Gespräch zu bringen.

Eine sinnvolle Antwort hat Raum für kleine Schwächen und große Stärken, wobei die kleinen Schwächen zuerst genannt werden, denen dann die Stärken folgen. Das erste überhört man gerne, das zum Schluss Genannte bleibt länger hängen. Fügen Sie also jeweils an einen negativen Beweissatz einen positiven Beweissatz an.

Antwortmöglichkeit:

Beweissatz negativ	**Beweissatz** positiv
① „Mein Vorgesetzter würde vielleicht an mir bemängeln, dass ich, bevor ich mit einer Arbeit beginne, manchmal länger mit der Vorbereitung brauche.	② Andererseits wird er auch bestätigen, dass eine Arbeit nicht plötzlich unterbrochen werden muss, weil irgendetwas fehlt oder nicht stimmt, und dass jedes Projekt termingerecht abgewickelt wird."

Sie können natürlich auch gerne andere gute Eigenschaften und Fähigkeiten in den Vordergrund stellen.

Meine Formulierung:

4.5.6 Fragen zum Test Ihres Selbstwertgefühls

Frage: *Warum sollten wir gerade Sie einstellen?*
oder
Frage: *Was können Sie für uns tun, das ein anderer/eine andere nicht ebenso gut könnte?*
oder
Frage: *Wieso glauben Sie, dass Sie der Richtige/die Richtige für uns sind?*

Diese drei Fragen laufen alle auf das Gleiche hinaus. Man will Ihr Selbstwertgefühl, Ihr Selbstvertrauen ein wenig testen.

Eine typisch falsche Reaktion wäre, auf diese Frage zu schweigen, den Blick zu senken oder nur hilflos mit den Achseln zu zucken. Auch ein verlegenes Lächeln und die Antwort: „Das weiß ich auch nicht" bringt Sie nicht wirklich weiter. So reagieren Bewerber, deren Selbstwertgefühl unterentwickelt ist.

Falsche Antworten werden Bewerber auch dann geben, wenn ihr Selbstwertgefühl ein wenig überentwickelt ist und sie stolz behaupten: „Weil ich der Beste bin!" Das wäre zu stark.

Woher wollen Sie wirklich wissen, dass Sie der bestgeeignete Bewerber sind? Kennen Sie alle anderen Bewerber, um so einen Spruch mit Fug und Recht loslassen zu können?

Mit Sicherheit nicht. Da also sowohl das eine wie auch das andere nicht weiterhilft, brauchen Sie eine vernünftige Antwort, mit der Sie nicht unterwürfig daherkommen, aber auch nicht großkotzig über allen anderen stehen wollen.

Als Antwort können Sie im Prinzip das Gleiche anführen wie auf die Frage: „Weshalb haben Sie sich für diese Position beworben?" Diesmal ist jedoch die volle, in der Einleitung erweiterte Viererkette angesagt!

Antwortmöglichkeit:

Doppel-Einleitung	Beweissatz
① „Was andere zu bieten haben, kann ich nicht beurteilen. ② Sie suchen einen *kontaktstarken* Finanzvorstand, der gewohnt ist, *eigenständig und erfolgsorientiert* zu arbeiten.	③ Die Arbeit eines Finanzvorstandes kenne ich seit ... Jahren. ④ Daher bin ich mir sicher, sowohl als Persönlichkeit wie auch als Fachfrau über das Wissen und Können zu verfügen, das erforderlich ist, in dieser Funktion erfolgreich tätig zu sein."

Wir haben oben bereits gesagt, dass Eigenschaften wie „kontaktstark", „eigenständig und erfolgsorientiert" usw. bei der Nennung sofort unbewusst mit Ihnen verbunden werden! Daher ist es wichtig, dass Sie so reden können.

Meine Formulierung:

Frage: *Wie erfolgreich waren Sie bisher – nach Ihren eigenen Maßstäben?*

oder

Frage: *Was war Ihre größte Leistung bisher?*

oder

Frage: *Worauf sind Sie am meisten stolz?*

Ein Persönlichkeitstest. Es geht um Ihre Selbsteinschätzung und Ihre Fähigkeit, mit Misserfolgen umzugehen. Die Antwort auf diese Frage lässt Rückschlüsse auf Ihre Frustrationstoleranz zu.

Im Normalfall ist das Erstellen einer Erfolgsbilanz einfach.

Ein Fehler wäre es aber, triumphierend zu erklären, Sie seien super-erfolgreich. Argumentieren Sie sachlich und wie immer im Beweisstil. Sagen Sie, dass die Bilanz Ihres Lebens bisher insgesamt positiv ist. Verweisen Sie auf gute Leistungen im Beruf, Produktneueinführungen, Projekte, die Sie gemanagt haben, einen guten Studienabschluss.

Auch herausgehobene Stellungen im gesellschaftlichen Leben, kurz gesagt, alles was auch immer Engagement und Leistung andeutet, dürfen eingebunden werden. Sagen Sie durchaus auch, dass die Mitarbeit in diesem Unternehmen ein weiteres lohnendes Ziel für Sie ist, das Sie erreichen möchten.

Antwortmöglichkeit:

Beweissatz	Motivationssatz
„Was ich mir vorgenommen habe, habe ich erreicht. Ich wollte einen guten Studienabschluss – das Studium habe ich mit 2,0 abgeschlossen. Ich wollte in meinen jeweiligen Funktionen schnell gute Leistungen bringen – das finden Sie in meinen Arbeitszeugnissen bestätigt. Ich wollte schnell Führungsverantwortung – nach drei Jahren Berufstätigkeit wurde mir die Verantwortung für ... mit ... Mitarbeitern übertragen.	Wenn ich jetzt bei Ihnen anfangen kann, läuft alles weiter so, wie ich es mir wünsche.“

Meine Formulierung:

```
┌─────────────────────────────────────────────────────────┐
│                                                           │
│                                                           │
│                                                           │
│                                                           │
│                                                           │
│                                                           │
│                                                           │
└─────────────────────────────────────────────────────────┘
```

Frage: *Was sind Ihre Schwächen?*

Dies ist ein erweiterter Persönlichkeitstest. Junge wie auch ältere Menschen müssen zu Schwächen stehen und deutlich machen, dass sie bestimmte, nicht optimale Lebenssituationen als Lernprozess verstanden haben. Wenn es also Schwächen gibt, gehen Sie nicht das Risiko ein, sich verblüffen zu lassen, sondern bereiten Sie eine kluge Antwort vor.

Regel 3) Im emotionalen Bereich (Selbstwertgefühl!) sollten Sie keine Schwächen nennen.
Das geht andere Menschen nichts an. Die Leute, die nach Ihren Schwächen fragen, sind selbst nicht perfekt!

Versuchen Sie niemals, **im sachlichen Bereich** den perfekten Menschen zu spielen. Deuten Sie jedoch auf keinen Fall Führungsschwächen an. Wenn Sie welche haben, sollten Sie sich fragen, ob Sie als Führungskraft grundsätzlich geeignet sind oder ob Sie diese Schwächen abbauen können. Suchen Sie also nach unverfänglichen Schwächen, die man leicht beheben kann, und zeigen Sie gleichzeitig auf, was Sie tun, um sie zu beheben!

Die falsche Antwort: „Weiß ich jetzt nicht."

Sie sollten begreifen, dass man immer Reserven hat, die noch nicht genutzt sind!

74

Das ist eine optimale Antwortmöglichkeit:

Beweissatz	Schlusssatz (sekundäre = Ziel-Motivation)
„Ich bin mir durchaus bewusst, dass ich ein Mensch bin. Aber von meiner Art her bin ich auf meiner bisherigen Arbeitsstelle noch mit jedem klargekommen. Von daher denke ich, dass ich auch in Ihrem Unternehmen mit den Leuten auskommen werde. Sachlich betrachtet kann mein Französisch ein wenig besser ein.	Aber ich bin dabei, das auszugleichen."

Manchmal muss man jedoch einfach eine (unwichtige) Schwäche stehen lassen, weil es kaum Möglichkeiten gibt, sie im Vorgriff auszugleichen. Dennoch lässt man auch dann die Schwäche nicht alleine stehen, sondern spricht immer den Willen aus, sie zu beseitigen.

Antwortmöglichkeit:

Beweissatz	Schlusssatz (sekundäre = Ziel-Motivation)
„Ich bin mir durchaus bewusst, dass ich ein Mensch bin. Aber von meiner Art her bin ich auf meiner bisherigen Arbeitsstelle noch mit jedem klargekommen. Von daher denke ich, dass ich auch in Ihrem Betrieb mit den Leuten auskommen werde. Sachlich betrachtet habe ich noch keine Erfahrung in der Führung größerer Mitarbeitergruppen.	Das lässt mich jedoch nicht zögern, da ich fest davon überzeugt bin, dass ich auch größere Mitarbeitergruppen zielorientiert führen werde."

Meine Formulierung:

Frage: *Was war Ihr größter Fehler in Ihrem bisherigen Arbeitsleben – und was haben Sie daraus gelernt?*

oder

Frage: *Ist Ihnen schon einmal ein Führungsfehler unterlaufen – und was haben Sie daraus gelernt?*

oder

Frage: *Wofür haben Sie die meiste Kritik einstecken müssen?*

oder

Frage: *Welche Niederlagen haben Sie erlebt?*

oder

Frage: *Haben Sie schon einmal Ihre Ansprüche an sich selbst nicht erfüllt?*

oder

Frage: *Bei welcher Aufgabe haben Sie mal richtig versagt?*

Auch dies ist durchaus ein heftiger Persönlichkeitstest, vor allem auch ein Test Ihrer Ehrlichkeit.

Vor allen Dingen jüngere Führungskräfte glauben in Vorstellungsgesprächen die absolut perfekte Führungskraft vorgeben zu müssen. Sie bauen, falls sie glaubhaft wirken, dadurch sehr hohe Erwartungshaltungen auf, werden jedoch, wenn es dumm läuft, sehr schnell nach erfolgter Einstellung von der Wirklichkeit eingeholt.

Zur Klarstellung: Management ist das Abwickeln von Projekten, Führung ist die Beeinflussung von Menschen.

Im Abwickeln von Projekten, im Management, kommen immer mal wieder kleinere Störungen vor. Das ist normal, da kein Mensch perfekt ist – auch wenn mancher glaubt, perfekt zu sein. Sie wirken daher ehrlicher, wenn Sie zugeben, dass Ihnen gerade in Ihrer Anfangszeit als junger Führungskraft der eine oder andere **Managementfehler** unterlaufen ist. Über Managementfehler – wenn sie nicht allzu gravierend sind – können Sie immer reden, wenn Sie gleichzeitig aufzeigen, dass Sie aus diesen Fehlern gelernt haben und Ihnen diese Dinge nicht mehr vorkommen.

So können Sie zum Beispiel darüber reden, dass Sie zu Anfang als junge Führungskraft

• noch zu unorganisiert waren und daher manches doppelt arbeiten mussten,

- in der Kontrolle zu nachlässig waren und daher kleinere Fehler nachbügeln mussten,

- Vorbereitungen zu kurzfristig angesetzt haben und daher relativ unvorbereitet in ein Projekt gestolpert sind.

Führungsfehler – also Fehler im Umgang mit den Menschen –, das hatten wir oben schon gesagt, sind tabu. Behalten Sie diese für sich, aber ziehen Sie Ihre Lehren aus ihnen.

Unzweckmäßige Antwort:

„Fehler – da wüsste ich jetzt nichts zu sagen!"

Kaum einer glaubt Ihnen, dass Sie die perfekte Führungskraft sind.

Antwortmöglichkeit:

Einleitungssatz	positiver Schlusssatz
„Sicher habe ich als junge Führungskraft das eine oder andere nicht optimal gehandhabt,	aber insgesamt hat dies den Erfolg der Abteilung nicht negativ beeinflusst."

Solche vagen Antworten provozieren gerne die

Nachfrage: *Was war das denn genauer, das Sie „das eine oder andere" nennen?*

Dann müssten Sie wieder antworten, was wir oben als unverbindliche, kaum störende Antwortmöglichkeit angedeutet haben: dass Sie noch zu unorganisiert waren und daher manches doppelt arbeiten mussten usw.

Also am besten gleich mit offenen Karten spielen:

Antwortmöglichkeit:

Schilderung des Ereignisses	Schilderung des Lerneffektes	Schilderung des Erfolges
„Ich erinnere mich da an ein Projekt als junge Führungskraft, bei dem an einem Montag Auslieferungstermin war. Anstelle in der Woche genauer die Fertigstellung und Qualität der Anlage zu prüfen, vertraute ich blauäugig darauf, dass am Freitag alles fertiggestellt sei. Dem war aber nicht so. Etliche Schweißnähte waren zu schlampig geschweißt, ein Ventil funktionierte nicht, und auch der Farbabstrich ließ zu wünschen übrig. Das Ergebnis war, dass wir am Samstag nacharbeiten mussten, um den Liefertermin Montag sicherzustellen.	Daraus habe ich gelernt, bei allen Projekten regelmäßige Kontroll- oder Abnahmepunkte einzuplanen, die ich auch immer 100% einhalte.	Seit dem Zeitpunkt bin ich nie mehr aus vermeidbaren Gründen in Zeitdruck geraten."

Meine Formulierung:

4.5.7 Fragen zu Ihren Aktivitäten

Frage: *Was würden Sie tun, wenn Sie nicht arbeiten müssten?*
oder
Frage: *Was würden Sie mit einer Million machen?*

Klar – das ist ein Motivationstest! Nichts, was auf wenig Leistungsbereitschaft schließen lässt, sollte als Antwort genannt werden. „Lottomillionär sein und irgendwo in der Südsee am Strand liegen" wäre mit großer Wahrscheinlichkeit die falsche Antwort. Das Aus käme wahrscheinlich auch, wenn Sie behaupten würden, als Millionärssohn als Industriekaufmann oder als Millionärstochter als Frisörin arbeiten zu wollen.

Lenken Sie den Fragesteller daher ein wenig ab, um mit Ihrer Antwort zugleich wieder Ihr Engagement für den Beruf zum Ausdruck zu bringen:

Antwortmöglichkeit:

Beweissatz	Motivationssatz
„Auch ein Michael Schumacher fährt immer noch Motorradrennen, obwohl er das Arbeiten sicher nicht mehr nötig hat, da Rennfahren für ihn die Chance ist, sich selbst zu verwirklichen und Spaß dabei zu haben. Auch ich möchte sinnvolle Tätigkeiten und Aufgaben übernehmen, die ich kann und die mir liegen. Der Beruf als ... liegt mir ...	... und die mit ihm verbundenen Tätigkeiten und Aufgaben gefallen mir, sodass ich sie gerne ausübe."

Meine Formulierung:

Frage: *In welcher Weise und mit welchem Erfolg bemühen Sie sich um*
▸ *die Erweiterung Ihres Fachwissens?*
oder
▸ *allgemein um Bildungszuwachs?*

Menschen dürfen auch nach der Arbeit aktiv sein, besonders wenn es darum geht, die eigenen Ressourcen auszubauen!

Wenn Sie auf der Suche nach Arbeit sind, sollten Sie erklären können, dass Sie sich um Fortbildungsmaßnahmen bei der Agentur für Arbeit aktiv bemüht haben und nicht warten, bis man Sie zu irgendwelchen Lehrgängen eingeteilt hat.

Auch unter laufender Beschäftigung ist es positiv zu werten, wenn man auf

• Zertifikate,
• Lehrgänge,
• Zusatzausbildungen

verweisen kann, die man zusätzlich zu seiner Berufsausbildung absolviert hat.

Eine weitere Möglichkeit ist es, glaubhaft zu verdeutlichen, dass im Unternehmen laufend Schulungen und Ausbildungen an neuen Maschinen oder in neuen Techniken erfolgen, ohne dass man dafür Zertifikate oder sonstige Bescheinigungen erhält.

Meine Formulierung:

Frage: *Welchen Aktivitäten gehen Sie außerhalb des Berufes nach?*
oder
Frage: *Was sind Ihre Hobbys?*
oder
Frage: *Was machen Sie am liebsten, wenn Sie nicht arbeiten?*

Ein Hobby kann man grundsätzlich mit und ohne Anstrengung betreiben und gemeinsam mit anderen oder allein in aller Stille. Personaleinsteller gehen davon aus, dass Hobbys mit Anstrengung und sozialen Kontakten auf aktive Menschen deuten.

		Kontaktfähigkeit	
		hoch	**Gering**
Anstrengungs-bereitschaft	**hoch**	aktive Vereinstätigkeiten, z. B. Musikverein, Feuerwehr Mannschaftssportarten, z. B. Fußball, Volleyball Wettkampfsportarten, z. B. Schach, Billard, Dart	basteln, eigene For-schungen betreiben, Kakteenzucht alleine Sport treiben, z. B. joggen, schwim-men, Rad fahren
	niedrig	reisen, „gerne mal weg-gehen" = in der Kneipe sitzen, sich mit anderen unterhalten, Angehöriger im Fanclub	„bunte Blätter" lesen, fernsehen, entspannen, fotografieren

Grundsätzlich ist alles positiv, was auf Engagement, Einsatz und Teamgeist hindeutet.

Mitgliedschaften: aktive Vereinsarbeit, ehrenamtliche Tätigkeit in Jugendgruppen, Pfarrgemeinde etc.

Geld verdienen: bei Arbeitslosigkeit Minijobs annehmen, Zeitung austragen, Aushilfe – alles, was den Willen zeigt, seine Verhältnisse zu verändern.

Kneipenbesuche sind gerade bei Arbeitslosigkeit als „Hobby" gefährlich: Alkohol und wenig Anstrengung stehen im Vordergrund!

Achtung: Viele Personaleinsteller haben ein Problem mit Hobbys,

• die einen überdimensionalen Zeitaufwand erfordern (z. B. Triathlon),

• sehr aggressiv sind (alle Arten von Kampfsportarten höchstens bei Mädchen/ Frauen zur Selbstverteidigung),

• allgemein sehr unfallträchtig erscheinen.

Meine Formulierung:

5 Sinnvolle Fragen an das Unternehmen

Bereiten Sie Ihre Fragen vor, die Sie gerne beantwortet haben möchten.

Grundsätze der Fragetechnik:

1.) Fragen Sie nie zuerst nach Gehalt, Sozialleistungen etc., da das den Verdacht nahelegt, dass egoistische materielle Motive im Vordergrund Ihrer Bewerbung stehen. Später dürfen Sie das schon. Arbeitsbezogene Fragen verdeutlichen unterschwellig, dass Sie wegen des Arbeitsinhalts wechseln.

2.) Begründen Sie im Zweifel Ihre Fragen, damit Ihr Gesprächspartner den Hintergrund Ihrer Fragen erkennt. Eine Begründung für jede Frage kann jedoch auch besserwisserisch klingen.

3.) Begründen Sie Ihre Fragen im Sinne des Unternehmens, nicht in Ihrem Sinne.

4.) Lassen Sie in Ihren Fragen keine Zweifel daran aufkommen, dass Sie sich bereits als neuen Mitarbeiter des Unternehmens sehen.

Mögliche Fragen:

Frage: „Wie stellt sich die Zusammenarbeit mit den Vorstandsmitgliedern/Mit-Geschäftsführern/Gesellschaftern dar?"

Frage: „Wem bin ich unterstellt? Mit wem arbeite ich zusammen?"

Frage: „Wie sieht mein genauer Aufgabenbereich im Detail aus?"

Frage: „Wie ist die Unterschriftenregelung?"

Frage: „Welche fachlichen Entscheidungen, welche Führungsentscheidungen liegen in meinem Verantwortungsbereich?"

Frage: „Wie ist meine Beteiligung an Einstellungen, Entlassungen, Abmahnungen, Beförderungen, Gehaltsregelungen, Weiterbildungen ...?"

Frage: „In welchen Bereichen wirke ich mit anderen Vorgesetzten zusammen?"

Nehmen Sie jede Antwort kommentarlos zur Kenntnis.

Notieren Sie sich die benannten Kompetenzen!

Erfragen Sie auch:

Termine	erwartete Arbeitsziele	organisatorische Ziele	Verhaltensziele
▸ *Welche* Berichte ▸ mit *welchem* Inhalt ▸ sind *wem* ▸ *wann* vorzulegen?	▸ Umsatzsteigerung, ▸ Kostensenkung etc.	▸ Ablaufverbesserungen ▸ Umstrukturierung (betrifft besonders Sanierer; siehe Tabelle bei Kap. 7.4)	▸ Wie ist die Zusammenarbeit und der Zusammenhalt des Teams? ▸ Was sollte verbessert werden?
▸ Notieren Sie sich die benannten Ziele!			

Möglichkeiten, wie Sie mit der Frage nach dem Gehalt umgehen

Frage: *Was möchten Sie verdienen?*

Als Antwort auf diese Frage kann man vieles falsch machen. Ganz falsch ist es, nur über Gehalt zu reden und die damit abgedeckte Leistung außer Acht zu lassen.

Ein Gehalt ist kein Geschenk, sondern ein Ausgleich für eine von Ihnen zu erbringende Arbeitsleistung. Achten Sie daher bei Gehaltsverhandlungen darauf, dass nicht nur über die Höhe des Gehalts, den **Kostenaspekt** für das Unternehmen, sondern auch über Ihre erwartete Arbeitsleistung, den **Nutzenaspekt** für das Unternehmen, gesprochen wird.

Es ist wichtig, von Ihrer (späteren) Leistung so zu sprechen, als sei diese Leistung bereits real. So treten Sie nicht als Bittsteller auf, sondern als Partner, der für eine Leistung eine angemessene Gegenleistung erwarten darf. Formulieren Sie Ihren Gehaltswunsch jedoch höflich und nicht im Stil einer Forderung:

„**Ich will** 150.000 € Jahresgehalt",
„**Ich verlange** 150.000 € Jahresgehalt",
„**Ich erwarte** 150.000 € Jahresgehalt"

sind autoritäre Redeansätze und damit nicht geeignet, Kooperation und Zusammenarbeit zu signalisieren.

Kooperation und Verhandlungsbereitschaft signalisieren Sie mit folgenden Ansätzen:

Antwort: „Sie erwarten zu Recht von mir, dass ich mich voll für das Unternehmen engagiere und volle Leistung bringe. Dafür wünsche ich mir als Ausgleich … €."

Sie können, soweit sinnvoll, Ihren Gehaltswunsch auch ansatzweise begründen:

Antwort: „Sie erwarten zu Recht von mir volle Leistung. Um mit meinen zwei Kindern über die Runden kommen zu können, wünsche ich mir für diese Leistung … €."

Wenn Sie in ein Unternehmen wechseln, in dem Sie mehr Verantwortung übernehmen, als Sie vorher hatten, können Sie Ihren Lohnwunsch so begründen:

Antwort: „In meinem bisherigen/alten Unternehmen wurde meine Leistung mit … € honoriert. Sie erwarten von mir noch mehr Leistung. Daher würde ich mich freuen, wenn Sie das Gehalt der gesteigerten Leistung anpassen und 10% mehr in mich investieren. Ich wünsche mir daher … € für meine Arbeitsleistung."

Wenn es Ihnen nicht gelingt, Ihr Wunschgehalt auf Anhieb zu erreichen, versuchen Sie, dass zumindest nach Abschluss der Probezeit neu verhandelt wird.

Sollte das Gehalt nicht von Seiten Ihrer Gesprächspartner angesprochen werden, fragen Sie nach dem Gehalt und anderen Leistungen, ohne diese Worte jedoch in den Mund zu nehmen.

Das geht am besten mit etwas Humor und wirklich nicht todernst, sondern mit einem leichten Lächeln auf den Lippen und vollem, klarem Augenkontakt. Wer jetzt wegsieht, hat psychologisch einen schweren Verhandlungsstand, mal vorsichtig ausgedrückt:

Ihre Frage: „Ich nehme an, dass Sie von mir erwarten, dass ich mich für das Unternehmen voll engagiere und volle Leistung bringe. Was möchten Sie mir denn für meine Leistungen und meinen vollen Einsatz für Ihr Unternehmen gönnen?"

6 Verhalten nach dem Vorstellungsgespräch

6.1 Analyse: In welches Unternehmen – autoritär oder partnerschaftlich – gerate ich hier?

In jedem Unternehmen herrscht ein Betriebsklima, manchmal auch als Arbeitsklima bezeichnet. Es ergibt sich aus der Art und Weise des Umgangs der Mitarbeiter untereinander und des Umgangs zwischen Mitarbeitern und ihren Vorgesetzten. Dieses Klima lässt sich nicht objektiv messen. Aber bestimmte Verhaltensweisen können als Indikatoren für die Qualität des Umgangs gelten, denn sie lassen mit hoher Sicherheit auf die Qualität des Betriebsklimas schließen. Gehen Sie daher mit offenen Augen durch das Unternehmen:

Indikatoren für ein positives Betriebsklima:

- wenn man sich Ihnen sofort bei Ihrem Eintreten freundlich zuwendet und Sie freundlich begrüßt,

- wenn man sich mit Ihnen anschließend höflich und nett unterhält,

- wenn man Ihnen erklärt, weshalb Sie noch ein wenig warten müssen, bis der Personaleinsteller Zeit für Sie hat,

- wenn auch „die wichtigen Leute" im Unternehmen mit Ihnen freundlich und respektvoll umgehen,

- wenn die Mitarbeiter des Unternehmens freundlich miteinander umgehen,

- wenn man Ihnen das Unternehmen zeigt.

Keine Signale für ein positives Betriebsklima:

- wenn Sie zunächst einmal überhaupt nicht beachtet werden, wenn Sie in das Unternehmen eintreten,

- wenn auf Ihren Gruß kein Gegengruß kommt oder nur unfreundlich geantwortet wird,

- wenn man sich mit Ihnen allgemein nicht höflich und nett, sondern unhöflich, unfreundlich und kühl auseinandersetzt,

- wenn Sie ohne Erklärung überlang warten müssen,

- wenn der Büroraum allgemein oder der Raum, in dem Sie warten sollen, ungepflegt, kalt und verschmutzt ist,

- wenn es zu ruhig ist, wenn man keine Stimmen hört, sondern nur stumme, verbissen arbeitende Menschen sieht,

- wenn die Stimmen, die Sie hören, zu leise, zu laut oder verärgert klingen.

In Unternehmen mit schlechtem Betriebsklima werden Mitarbeiter – manchmal auch die Führungskräfte – eher als kleine Nummer denn als wichtiger Teil des Unternehmens betrachtet. Die Vorgesetzten fühlen sich als Herrscher über ihre „Untertanen". Sie verhalten sich daher gegenüber den Mitarbeitern in aller Regel wenig respektvoll. Der Umgangston ist meist laut, dominant und unhöflich bis verletzend. Es dominiert das Prinzip Befehl und Gehorsam.

Auf Dauer bewirkt ein solcher Umgangsstil, dass man sich in dem Unternehmen sehr schnell unwohl fühlt, da die natürlichen Bedürfnisse eines Menschen nach Respekt und Anerkennung nicht befriedigt werden. Sehr schnell wird allein schon die Anwesenheit im Unternehmen und das Zusammentreffen mit bestimmten Personen – Vorgesetzte wie Mitarbeiter – als Last empfunden. Wollen Sie sich das auf Dauer antun?

6.2 Kämpfen um die Stelle

Danke sagen für ein angenehmes Gespräch

Mittlerweile ist es durchaus zulässig, dass Sie am Tag nach dem Vorstellungsgespräch per Mail Danke sagen für das angenehme Gespräch und dass man sich auf eine künftige gemeinsame Zukunft freut. Sie heben sich positiv ab von den vielen anderen, die das nicht tun.

Anrufen und positive Entscheidung beschleunigen

Wenn Ihnen im Unternehmen gesagt worden ist, dass die Entscheidung zwei bis drei Wochen in Anspruch nimmt, rufen Sie ruhig nach zwei Wochen an, und fragen Sie mit einem Lächeln auf den Lippen:

„Guten Tag, Herr Meier. Vor zwei Wochen haben Sie mich kennen gelernt. Ab wann soll ich denn meine Fähigkeiten und Kenntnisse bei Ihnen einbringen?"

Sie haben doch überhaupt nichts zu verlieren! Also bleiben Sie weiterhin selbstbewusst, und lassen Sie nach wie vor keine Zweifel daran aufkommen, dass Sie die Stelle haben wollen.

Und auch hier heben Sie sich positiv ab von den vielen anderen, die das nicht tun, die nicht „drängeln", die den Eindruck erwecken, als sei ihnen die Entscheidung egal.

Denn aus Erfahrung weiß ich, dass eine Entscheidung gerade dann, wenn mehrere Bewerber sachlich relativ gleich geeignet sind, häufig zugunsten der positiven „Drängler" fällt.

6.3 Aus Absagen lernen

Was tun, wenn es im Vorstellungsgespräch nicht geklappt hat?

Oft suchen die Firmen aus einer für sie bequemen Situation von 50 oder mehr Bewerbungen einen einzigen für die ausgeschriebene Stelle aus. Wenn Sie also nicht berücksichtigt worden sind, muss Sie das nicht verzweifeln lassen. Vielleicht waren Sie „nur" die Nummer 2, 3 oder 4 in der Rangliste der Firma. Aber warum nicht die Nummer 1?

Ihre persönliche Enttäuschung über das Unternehmen ist verständlich, sie hilft Ihnen aber nicht weiter. Nutzen Sie das Unternehmen weiter für Ihre Zwecke. Scheuen Sie sich deshalb nicht, herauszufinden, woran es lag, dass Sie nicht die Nummer 1 bei diesem Unternehmen waren. Sie können nur lernen!

Also wagen Sie es, und rufen Sie in dem Unternehmen an und fragen höflich:

„Bitte sagen Sie mir offen und ehrlich, woran es gelegen hat, dass Sie sich für einen anderen Bewerber entschieden haben. Ihre ehrliche Antwort ist mir sehr wichtig, denn Sie helfen mir mit einer offenen Situationsdarstellung bei meiner weiteren Stellensuche. Ganz ehrlich! Woran lag es – an meinem Auftreten oder an meinen Qualifikationen?"

Ein qualifiziertes Unternehmen wird Sie gerne unterstützen.

7 Die erfolgreiche Führungskraft – Regeln für die ersten Arbeitstage

Ein guter Start in dem neuen Unternehmen ist zwar nicht alles, aber ohne diesen guten Start ist alles nichts!

Einen Arbeitsplatz zu bekommen ist nicht immer der schwerste Teil, sondern ihn auch über die Probezeit hinaus zu behalten ist, das ist oft die eigentliche Herausforderung. Um den Arbeitsplatz zu behalten sollten Sie daher alles tun, um sich so schnell wie möglich als Mensch wie als Fachkraft für das Unternehmen uneingeschränkt nützlich, quasi unersetzlich zu machen.

Wie gelingt Ihnen ein guter Start?

7.1 Gelungene Selbstvorstellung

Wenn Sie nicht offiziell vorgestellt werden, gehen Sie von selbst freundlich auf die Kollegen zu, die in Ihrer unmittelbaren Nähe arbeiten, und stellen sich vor.

Falls nicht von Ihrem Vorgesetzten organisiert, berufen Sie ein Treffen mit Ihrer neuen Abteilung ein. Alleiniges Ziel ist das gegenseitige Kennenlernen. Am besten gelingt dies, wenn sich **jede Person** kurz selbst vorstellt. Es hat sich auch bewährt, eine Folie oder ein Flipchart mit folgenden Stichpunkten als Gesprächsstruktur vorzugeben:

• meine Ausbildung und mein beruflicher Werdegang

• meine Funktion im Unternehmen

• meine liebste Freizeitbeschäftigung

• was Sie sonst noch über mich selbst wissen sollten

Legen Sie diese Struktur Ihren Mitarbeitern vor, und beginnen Sie selbst mit der Vorstellungsrunde. Tragen Sie Ihre Punkte in einer lockeren, heiteren Form vor, dann können Sie sicher sein, dass auch Ihre Mitarbeiter ihre Scheu ablegen und ausführlich und kreativ über sich selbst erzählen.

Nach dieser Kennenlernrunde informieren Sie die Mitarbeiter über Ihre nächsten Schritte.

7.2 Gelungene Kontaktaufnahme zu dem Vorgesetzten

Führen Sie als erstes ein Gespräch mit Ihrem direkten Vorgesetzten.

Wenn er es nicht selbst vorschlägt, sollten Sie die Initiative ergreifen und darauf achten, dass folgende Punkte geklärt werden:

Welche Erwartungen werden an Sie gestellt? Welche konkreten Ziele sind zu erfüllen?

▸ Mit welchen Abteilungen arbeitet Ihr Bereich besonders eng zusammen?	
▸ Welche Schnittstellen gibt es zu anderen Abteilungen? Welche Erfahrungen, Probleme, Vorgehensweisen gibt es hier?	
▸ In welche Bereiche/Ergebnisse/Zahlen des Unternehmens fließen die Arbeitsergebnisse Ihrer Abteilung ein?	
▸ Von welchen Stellen erhalten Sie die notwendigen Informationen für Ihre tägliche Arbeit?	
▸ Über welche Entscheidungsbefugnisse verfügen Sie in Ihrem Bereich?	
▸ **Fragen Sie nach den wichtigsten Regeln** (Jour Fixe, Unterschriftenregelung, Arbeitszeitregelung etc.) in Ihrem Bereich. Diese Regeln sollten Sie unbedingt einhalten.	

Halten Sie in Ihrem eigenen Interesse alle Punkte genau fest. Sehr oft habe ich schon erlebt, dass Führungskräfte von ihren Vorgesetzten zu Beginn des Arbeitsverhältnisses Ziele genannt wurden, an die sie sich später leider nicht mehr erinnern konnten. Oder es wird vergessen wichtige Regelungen und Gewohnheiten anzusprechen und sie stehen aus diesem Grund irgendwann „im Wald".

Und aus Erfahrung weiß ich, dass Vorgesetzte immer Recht haben. Sogar dann, wenn man ihnen das Unrecht beweisen kann, wird es oft schwierig genug darzulegen, dass die Schuld nicht bei Ihnen liegt.

90

7.3 Gelungene Kontaktaufnahme zu den Mitarbeitern

Führen Sie so schnell als möglich ein Einzelgespräch mit allen Mitarbeitern des Teams, um die gegenseitigen Erwartungen abzuklären.

Es geht darum, dass Sie und die Mitarbeiter sich besser kennen lernen und erfahren, welche Erwartungen jeder an den anderen hat.

<u>**Regeln für das Gespräch:**</u>

● Erstellen Sie sich eine **Checkliste,** mit deren Hilfe Sie das Gespräch führen werden.

● **Sammeln Sie nicht nur Probleme!** Schauen Sie, was gut und was schlecht funktioniert.

● Trachten Sie danach, möglichst viele Informationen zu erhalten: Stellen Sie Fragen, Fragen, Fragen ...! Sprechen Sie insbesondere folgende Punkte an:

▸ Was sind genau Ihre derzeitigen Aufgaben in diesem Team und im Unternehmen? 1. Hauptaufgaben-Abgleich; Prioritäten setzen 2. Zielvereinbarungen für die kommende Periode 3. Innovationsverhalten	
▸ Was gefällt Ihnen an Ihrer Arbeit? Wo will die Mitarbeiterin/der Mitarbeiter im nächsten Jahr hin? Persönliche Entwicklungsziele für die Arbeit	
▸ Was könnte Ihrer Meinung nach verbessert werden?	
▸ Was ändert sich an unserer Beziehung durch die Tatsache, dass ich jetzt Vorgesetzter bin?	
▸ Wie kann ich als Vorgesetzter dazu beitragen, dass Sie Ihre Aufgabe noch besser erledigen können?	
▸ Welche Erwartungen haben Sie von mir als Chef?	
▸ Was gefiel Ihnen früher gut an der Zusammenarbeit (mit dem früheren Chef)?	
▸ Was gefiel Ihnen nicht an der früheren Zusammenarbeit?	

Sammeln Sie zunächst die unterschiedlichen Aussagen und Eindrücke aller einzelnen Teammitglieder.

Ganz besonders wichtig!

• **Vermeiden Sie im ersten Gespräch jede Art von Stellungnahme zu Problemen,** und kommentieren Sie keine Ereignisse aus der Vergangenheit mit Ihren neuen Mitarbeitern.

• **Treffen Sie erst Entscheidungen oder Festlegungen, wenn Sie mit allen Mitarbeitern gesprochen haben.** Lassen Sie sich nicht unter Druck setzen. Erst wenn Sie alle Mitarbeiter gehört haben und Ihr Bild vollständig ist, sind Sie entscheidungsfähig.

• **Geben Sie keine Versprechungen ab!** Alles, was Sie in diesem Gespräch ankündigen – dem ersten vertraulichen Kontakt unter vier Augen –, wird der Mitarbeiter niemals vergessen. Wenn Sie daher die Versprechungen aus dem ersten Gespräch nicht einhalten können oder wollen, haben Sie bereits zu Beginn jegliches **Vertrauen** verspielt.

• Nachdem Sie die Belange des Mitarbeiters, seine Wünsche, Vorstellungen und Meinungen kennen gelernt haben, **erläutern Sie im zweiten Teil des Gespräches offen Ihre Absichten und Zielsetzungen,** falls Sie solche bereits haben. Bitten Sie den Mitarbeiter um Unterstützung bzw. sagen Sie, warum und wo Sie Unterstützung brauchen.

7.4 Gut strukturiert an die Arbeit

• **Analysieren Sie die Ist-Situation. Sammeln Sie exakte Daten und Fakten!**

Lassen Sie sich Zeit, und beobachten Sie sehr genau.

▸ Ist die Arbeit gleichmäßig verteilt?

▸ Sind die Funktionen und Zuständigkeiten im Team klar geregelt?

Erfassen Sie die wichtigsten Dinge, die Sie wissen müssen, bevor Sie Entscheidungen treffen. Blinder Aktionismus, der sich in hektischem Umorganisieren und Umräumen ausdrückt, bringt Unruhe statt Fortschritt!

Wichtig ist es, zunächst alles wie gewohnt weiterlaufen zu lassen und die Mitarbeiter bereits in die Planung aller Veränderungsvorgänge einzubeziehen.

• **Unterscheiden Sie vier Aufgabenklassen!**

Aufgaben lassen sich nach dem **Gresham'sches Planungsgesetz** in vier verschiedene Klassen einteilen:

Dringliches, aber Unwichtiges verdrängt Wichtiges, aber nicht Dringliches.

Gresham'sches Planungsgesetz	Dringliches	Nicht Dringliches
Wichtiges	A. zuerst zu erledigen	C. als drittes zu erledigen
Unwichtiges	B. als zweites zu erledigen	D. zuletzt zu erledigen

Um effektiv zu sein, sollten unsere Aktivitäten auf unsere wirklich wichtigen Aufgaben gerichtet sein. Vielfach wird viel Zeit damit verbracht, sich zum falschen Zeitpunkt der falschen Aufgabe zu widmen.

• **Lernen Sie zu delegieren!**

Sie können alles delegieren – nur eines nicht: **die Führung!**

• **Lernen Sie zu coachen!**

Kümmern Sie sich um Probleme, die an Sie herangetragen werden, in folgender Weise:

1. Erfragen Sie, welche Lösungsversuche bereits unternommen wurden. Erfragen Sie, aus welchen Gründen diese gescheitert sind.

2. Erfragen Sie, welche Lösungsversuche noch unternommen werden könnten.

3. Der Mitarbeiter muss nun zunächst diese neuen Ansätze selbst ausführen. So bleibt die Arbeit dort, wohin sie ursprünglich delegiert worden war. Die Führungskraft hat jedoch ihre Führungsverantwortung voll wahrgenommen.

● **Mitarbeiter**

Ihre wichtigste Aufgabe ist die Bildung eines kompetenten, schlagkräftigen Teams. Verbringen Sie deshalb viel Zeit miteinander, und planen Sie Maßnahmen zur Teamentwicklung ein. Lassen Sie Mitarbeiter an Ihren Entscheidungsprozessen teilhaben, binden Sie die Mitarbeiter mit ein.

Ältere Mitarbeiter

Sprechen Sie **ältere Mitarbeiter** (auch solche, die älter sind als Sie selbst) auf Ihre Erfahrungen an und bitten sie um konstruktive Mitarbeit. Sprechen Sie insbesondere diese Mitarbeiter auf Vorschläge an, die sie schon immer verwirklichen wollten. Prüfen Sie diese in Ruhe. So gewinnen Sie die Motivation dieser Mitarbeiter.

„Konkurrenten"

Falls es unter Ihren neuen Mitarbeitern einen gibt, der sich ebenfalls auf Ihre neue Funktion beworben hat, gehen Sie direkt auf diese Person zu, und bringen Sie Ihr Verständnis für seine Lage zum Ausdruck. Erläutern Sie, wie die Basis für die zukünftige Zusammenarbeit aussehen kann, und versuchen Sie, die fachlichen Kenntnisse dieses Mitarbeiters bei Ihren Entscheidungen mit einzubinden.

Nur durch eine sorgfältige Einbindung dieses Mitarbeiters in das Team können Sie – in den meisten Fällen – sicherstellen, dass der Mitarbeiter auch Ihnen seine volle Arbeitsleistung zu Verfügung stellt und sich nicht frustriert bereits mit der Suche nach einer neuen Position beschäftigt.

● **Führungskreis**

Führen Sie Gespräche mit Ihren neuen Kollegen aus dem Führungskreis. Stellen Sie sich vor, aber hüten Sie sich vor Klatsch!

● **Betriebsrat**

Sprechen Sie mit dem Betriebsrat. Dieses Gespräch ist erforderlich, um eine gemeinsame Vertrauensbasis aufzubauen.

Allgemein gilt: Je nachdem, unter welchen Rahmenbedingungen Sie Ihre Führungsposition antreten, müssen die Themen Ihrer ersten Gespräche unterschiedliche Funktionen erfüllen. Wenn Sie als Sanierer ins Unternehmen geholt werden, der verändern und umstrukturieren soll, werden Sie mit anderen Erwartungen und Ängsten konfrontiert, als wenn Sie Ihre Stelle im Rahmen einer geregelten Nachfolge übernehmen. Die folgenden Tabellen geben Ihnen zu beiden Fällen Empfehlungen für Ihr Vorgehen in der ersten Zeit.

Führungs-Situation	
Sanierer	• **Vorbereiten von Veränderungen – Analysieren der Ausgangssituation** Strategien, Potentiale, Mitarbeiterfähigkeiten, zur Verfügung stehende Mittel, zur Verfügung stehende Zeit. • **Berücksichtigen Sie die Anliegen der Mitarbeiter** Das hält die Motivation hoch. Lassen Sie die Mitarbeiter Vorschläge erarbeiten, wie neue (höhere) Standards besser/leichter erreicht werden können. • **Ggf. ein neues Selbstverständnis entwickeln** Wer sind wir? Was wollen wir erreichen?
	• **Führen mit Zielen – die neue Strategie in Abstimmung mit der Führungsspitze festlegen** Drei schwere Führungsfehler vermeiden: - die falschen oder keine Prioritäten zu setzen, - alles selbst machen zu wollen und somit keine qualifizierten Mitarbeiter nachzuziehen, - auf Entscheidungen von oben zu warten, statt sie durch geeignete Entscheidungsanträge zu bewirken.
	• **Organisations- und Zeitplan zur Umsetzung entwickeln** - Was bleibt? – Was wird wann anders? – Was kommt wann dazu? - Nicht zu viele parallele Aufgaben anpacken.
	• **Konsequentes, kommunikatives Umsetzen der Strategien und Maßnahmen** - Aufgaben benennen, delegieren und klare Richtlinien festlegen. - Wer macht was, wann, zu welchem Zeitpunkt, mit wem zusammen, in welcher Qualität? - Vor personellen Veränderungen an strategischen Stellen nicht zurückschrecken.
	• **Kontrollpunkte festlegen zur Sicherung des Erfolges der Maßnahmen** - Wer kontrolliert was, wie oft, nach welchen Kriterien?

Führungs-Situation	Der Nachfolger	Der Aufsteiger	Der Seiten-einsteiger
geregelte Nachfolge	• Betonen Sie Leistungen, auf die die Abteilung stolz ist. • Würdigen Sie in jedem Fall Ihren Vorgänger. Wer in Kritik mit einstimmt, riskiert die Loyalität der Kollegen.	• Ein klares Bekenntnis zu alten Freundschaften und zur neuen Rolle hilft Spannungen abzubauen.	• Suchen Sie tatkräftige Partner in der Führungsspitze. • Erkunden Sie zunächst die internen Regeln. • Erkunden Sie die Stärken der Mitarbeiter.
	• **Gespräch mit dem Vorgesetzten** – Ziele festlegen – Kompetenzen definieren		
	• **Gespräch mit den Mitarbeitern** – Job-Diagnose – Erwartungen		
	• **Gespräch mit dem Betriebsrat** – Erwartungen		

Wenn Sie alle Dinge beachten, sollte Ihnen ein guter Start in das neue Unternehmen möglich sein.

Dazu wünsche ich Ihnen alles Gute, viel Glück und viel Erfolg!

Weitere Titel:

Im Vorstellungsgespräch überzeugen
Oben sein, wenn es wirklich gilt
Ein Ratgeber für berufserfahrene Bewerber um einen Arbeitsplatz
ISBN:978-3-941788-01-5

Im Vorstellungsgespräch überzeugen
Oben sein, wenn es wirklich gilt
Ein Ratgeber für berufsunerfahrene Bewerber mit Hochschulabschluss
ISBN:978-3-941788-02-2

Im Vorstellungsgespräch überzeugen
Oben sein, wenn es wirklich gilt
Ein Ratgeber für Bewerber um einen Ausbildungsplatz
ISBN:978-3-941788-03-9

FrageTrainer
Eine Software abgestimmt auf Bewerber um Führungspositionen, berufserfah-
rene Bewerber um einen Arbeitsplatz, berufsunerfahrene Bewerber mit
Hochschulabschluss, Bewerber um einen Ausbildungsplatz
Die Software können Sie bestellen unter:
www.vorstellungsgespraech-aktuell.de

Briehl, L.: Der getriebene Mensch – und was man tun muss, um beziehungs-
tauglich zu werden.
Ein Erklärungsmodell des menschlichen Verhaltens. WiKu – Verlag für
Wissenschaft und Kultur Dr. Stein & Brokamp KG, Stuttgart, 2003,
ISBN: 3-936749-41-8

www.ingramcontent.com/pod-product-compliance
Lightning Source LLC
Chambersburg PA
CBHW071111210326
41519CB00020B/6261